THE FOUR MAPS OF HAPPY SUCCESSFUL PEOPLE

幸せをつかむ「4つの地図」の歩き方

[著] ロバート・G.アレン Robert G.Allen

[監訳] 稲村徹也 Tetsuya Inamura／丸山拓臣 Takumi Maruyama

フォレスト出版

THE FOUR MAPS OF HAPPY SUCCESSFUL PEOPLE

幸せをつかむ「4つの地図」の歩き方

THE FOUR MAPS OF HAPPY
SUCCESSFUL PEOPLE
by Robert G.Allen

Original published in 2016 by LittleBetter Books Los Angeles,CA
Japanese translation rights arranged with Robert G.Allen
through Wave Link,Inc.,Tokyo

各界著名人から

「4つの地図」賞賛の声

「この本はすばらしく、温かく、感動的な本であり、あなたの人生のあらゆる領域でより幸せで健康的になるための偉大なアイデアが満載されている」

――ブライアン・トレーシー（ベストセラー作家）

「視覚に訴える地図と深い瞑想、私は自分自身に問いかけた。『なぜ学校で、このことを教えてもらえなかったのか？』これらのシンプルな活動を、すべての生徒が毎朝行なえば、彼らの成功は急激に加速するはずだ」

――ジョエル・コム（フューチャリスト、ベストセラー作家）

「読みやすく楽しく読める本。それでいて、ものすごく深い本。ロバートはスターであり、今回もまたやってくれた！」

——ジャネット・アットウッド（ベストセラー作家、「パッションテスト」創始者）

「非常にシンプルかつ非常に深い。4つの日常的な行動に、成功のエッセンスが盛り込まれている。ロバート・アレンは、最も複雑なことでさえも、いつもシンプルにわかりやすく教えてくれる」

——ダニエル・エイメン（エイメン・クリニック所長、精神科医）

「私は会話のようなスタイルが大好きだ。この本はカジュアルだが、工夫がされている。また説教じみたものではなく、直接的に語りかけていて、とても誠実だ。私はこの本のパワーとシンプルさに心を打たれた。本当に私はこの本が大好きだ。とてもパーソナルでパワフルな本だ。4つの地図は非常にシンプルで、毎日描くことで、あなたのヒーローズ・ジャーニーが明らかとなり、人生を飛躍させることができる」
――ジョン・ディビッド・マン（世界的ベストセラー『あたえる人があたえられる』の共著者）

「この本は、巷にある一般的な本とは一線を画している。この本は、あなたを理想の生活に導いてくれるロードマップだ。あなたが高みを目指して、偉大なことを達成したいのなら、この本はあなたにとって必要だ。この本はシンプルで非常にパワフルなので、あなたの内面を成長させてくれ、明確な行動ステップを示してくれる」

――デニス・ドブガル（DOODLEVIDEO.ME　CEO）

「ロバート・アレンは、成功するためのステップを4つに絞り、なおかつシンプルにした。あなたが夢の家にいる笑顔を描き、文章を理解することさえできれば、本があなたを助けてくれるだろう」

――ジャック・ズフェルト（ベストセラー作家）

「Wharton MBAを卒業した私は、正直に言うと、世界トップのビジネススクールでさえも、このような成功のステップを教えていないとはっきりと断言できる。私はアメリカのスーパーリッチな人々が、どのように富を創り出してきたのかを34年以上研究して、私の人生をそのことに捧げてきた。ロバート・アレンの洞察力は、的を射ている！　私たちの教育システムには、個々の成長をトレーニングする活動が抜けているのだ」

――シャーマン・ラグランド（CCIM米国公認商業用不動産アドバイザー、ベストセラー作家）

「私は本当にこの本が大好きだ。なぜなら、行動、行動、とにかく行動ができるようになっているから。この本は、私をあらゆる分野で新しいレベルに引き上げてくれた。私の人生の中で、うまくいってない分野から私を救ってくれた。まさに完璧なタイミングだった！」

――エル・インガレス（パフォーマンスコーチ、プレッシャーフリー・メソッド「オプティマル・パフォーマンス」の考案者）

「ロバート・アレンの新しい本は、短いので読むために1時間程度しかかからない。しかし、この本のレッスンは、あなたの人生すべてに影響を与える本」

――ブライアン・ウォルシュ（「REAL SUCCESS NETWORK」創設者兼CEO）

「ロバート・アレンと言えば、あなたはお金の専門家だと思うだろう。しかし、彼の成功の裏には何があるのだろうか？　この本は、すべての人が読むべき本。それは、偉大な思想家からのすばらしい人生のレッスンが受けられるからだ。あなたが愛する人々に、この本をプレゼントすることをすすめる」

――アルフィオ・バードラ（ベストセラー作家）

「この世界にすばらしい贈り物がやってきた。この贈り物を読むと、人生が変わる。この本は私の心に響いた。私は自分の魂に話しかけた。この本が大好きだと」

――グレンダ・ハチェット（裁判官、テレビ番組show受賞者）

「ロバート・アレンは、私を個人的に鼓舞してくれる師である。彼の作品は私の人生に多大な意味を持っている。幸福に導く4つの地図を使って、彼は生涯の学習を非常にシンプルで楽しいシステムにまとめた。私はこの本を愛している」

――ジャック・キャンフィールド（ベストセラー『こころのチキンスープ』共著者）

「ロバートは数百件もの成功文献を、過去の知恵と最新の神経科学とを組み合わせた信じられないほど単純なプロセスにまとめ上げた」

――グレッグ・リンク（コヴィリーダーシップセンター共同創始者）

本書を手にしていただき、感謝申し上げます。

この本を手にしたということは、何か理由があったのでしょう。

あなたはどんな幸せを手に入れたいのでしょうか？

それを手に入れるためには、何が必要なのでしょうか？

「お金」かもしれません。「時間」かもしれません。「人間関係」かもしれません。

はたまた、「健康」かもしれません。

この本は、あなたにとっての幸せのイメージを明確にし、それをつかむためにどのような地図を描き、歩いていけばいいのかを、シンプルかつわかりやすく丁寧にお伝えしていきます。

CONTENTS

第1章 人生を変えてくれる「4つの地図」とは？

第2章

幸せ「マインド」をつくる2つの地図

地図1　明快な地図

第3章

幸せをつかむ「行動」に導く2つの地図

地図3　儀式の地図

地図4　行動の地図

第4章 あなたの人生は変化する

装幀◎河南祐介（FANTAGRAPH）
本文＆図版デザイン◎二神さやか
翻訳協力◎関佳代、渡久地愛沙
DTP◎株式会社キャップス

第1章

人生を変えてくれる「4つの地図」とは?

最新科学が認めた人生を変える「４つの地図」

この本は、「毎日４つの図を描くことで、あなたの人生が劇的に向上する方法」をまとめたものです。

その図はとてもシンプルで、誰でも簡単に描くことができます。

たとえば、棒人間のようなイラストです。

私は、これらのシンプルな図を**「４つの地図」**と呼んでいます。

なぜかって?

それらは、「地図」に似ているからです。

この地図は、言わば、理想のライフスタイルへの旅の地図なのです。あなた自身が理想のライフスタイルを描く地図なのです。

この「４つの地図」は、すぐに奇跡が起こるとか、あなたが成功する特効薬のようなものではありません。

この地図は、あなたの人生を改善して、理想のライフスタイルを実現できるようデザインされています。

そして、最新の神経科学に裏打ちされています。

最終的なゴールは、世界で最も成功し、かつ、最も有能な人々が持っている**「考え方」「行動」「習慣」「タスク・マネジメント」**の道すじを理解し、あなたの思考と行動を、日々変化させていくことです。

これらの活用方法を一度覚えてしまえば、あなたが選択したどの分野でも結果が出るようになります。


すべてを信じるのは、難しいかもしれません。

しかし、私はこの「4つの地図」やそれに似たものを、20年以上クライアントや生徒たちに教え続けています。

ここで言う生徒たちとは、大企業で働いている人、起業したばかりの人、医者や弁護士などの専門職の人、アスリート、芸術家、そして自分の子供たちです。

私は、彼らが変化する姿を直に見てきたのです。

もし、あなた自身がこの地図を取り入れることができたら、この地図があなたにとって大きな助けになると私は確信しています。

目の前のチャンスを見逃さない必須エッセンス

あなたは今までの人生で、パッともやが晴れたような瞬間はありませんでしたか？ほしいものや、したいこと、その理由が明確にわかっていると、瞬時に何をすべきかがわかり、それを手に入れることができます。

本を読んで悟ることもあれば、カレンダーをめくったとき、自然の中にいるとき、映画を観たとき、瞑想したとき、好きな人と一緒にいるときなど、実にたくさんの場面で、もやが晴れる瞬間が訪れます。

このとき、私たちは、**「ビッグ・ピクチャー」（自分の長期的なビジョン）**を見ているのです。

そして、青写真となる「ビッグ・ピクチャー」を見ながら、自分のゴールを目指し、より結果が出るような行動を選択しているのです。

長期的な行動の変化を起こす秘訣は、できるだけ多くの「ビッグ・ピクチャー」を自分自身の心の中に描き入れることです。

それは、年に一度、元旦に立てる抱負のような一時的なものではありません。

一番の問題は、**私たちの脳がすぐ忘れる、忘却マシーンである**ことなのです。

やりたいこと、やりたい理由、入手方法のすべてを明確にできたとしても、すぐに私たちは忘れてしまうのです。そして、また過去の非生産的なルーティンワークや思考のプロセスに戻ってしまうのです。

脳は、変化よりルーティンワークを求めるようにできている

もし、このようなことがあなたに起こっていても、自分自身を責めないでください。

これは、誰にでも起こる現象なのです。

最新の神経科学では、**「私たちの脳は、本当に変化することを嫌がる傾向がある」**と言われています。

私たちの脳は、ルーティンワークを好むのです。

もし、私たちが何かにチャレンジしようとすると、脳はブーメランのように過去の思考や行動パターンに戻そうとするのです。

あなたがこの本を読んでいても、脳は通常の思考パターンに戻り、目標を達成できず、やる気を失い、混乱してしまうのです。

その一方で、脳はあなたの人生の先を見据えたマインドセットをしてくれます。

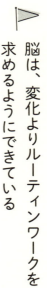

しかし、それでも行動することに、あなたは抵抗があるかもしれません。どんな状況であっても、自分自身を責めないでください。

自然だってカオス（混沌）が大好きです。熱力学の第二法則では、これを「エントロピー」と呼んでいます。宇宙すらも、最も抵抗の少ないところに向かって動く傾向があるのです。

変化を怖がる、忘却マシーンの脳を変える秘策

しかし、私たち人間がすばらしいのは、変化できると決断し、改善し続けようとする願望があることです。

その結果、大成功する人々もいます。

どうしたら大成功できるのでしょうか？

どうしたら忘却マシーンである脳を変えることができるのでしょうか？

答えはシンプルですが、とても深いのです。

長期的には、脳が忘れること、つまり忘却マシーンを止めることはできません。生きていくために、私たちは忘れることが必要なのです。

しかし、私たちは、その**脳の機能を高めて記憶する「記憶マシーン」に変革して、その問題を乗り越えることができます。**

私たちは、脳に強力な方法で、思考し、挑戦し、克服する方法を正確に伝えることができます。

世界で大成功している人々は、みなさんと同じ脳を持っていますが、彼らは自分自身で脳をコントロールしているのです。

彼らは忘却マシーンをそのまま放置していないのです。

だから、状況を的確に判断し、決断することができるのです。

彼らは自分の脳に、「世の中に対して、どう行動するか?」を問いかけ、それを毎日のルーティンの一部にしているのです。

脳を「頑固なロバ」だと考えてみてください。

もし、あなたが、そのロバを一生懸命働かせたいと思ったら、元旦の日だけ、一年に一度だけ、自分がしてほしい要求を出すでしょうか？

そんなことはしないですよね？

「頑固なロバ」にきちんと働いてもらうには、毎日あなたの願望を記憶させ続けることです。

毎日たった10分で、脳に願望を記憶させる最強メソッド

多くの成功哲学は、有益な情報を教えています。

しかし、有益な情報を手に入れても、私たちが長期的に変化し続ける行動をするには、何かが欠けているのです。

なぜなら、日々の行動の練習にフォーカスしていないからです。

現代人は、とても忙しいのです。正しいマインドセットをするために、毎朝読書をする時間もありません。

そのため、私は、自分の「ビッグ・ピクチャー」を見つけ、それを実現する手段が必要だと感じています。

そして、「ビッグ・ピクチャー」を実現するために、**日々10分程度でできて、行動につながる手段**が必要だと私は感じているのです。

それが、この「4つの地図」の成し遂げる成果なのです。

「4つの地図」は、あなたの「ビッグ・ピクチャー」を実現するためにデザインされています。

その地図は、あなたに十分なエネルギーを与えて、毎日自信を生むでしょう。

「4つの地図」は、脳に働きかけるので、本当に大切なことを反復し、それを行動できるようにしてくれます。

そして日常の生活で、多くのカオスや不要なものをなくし、脳をクリアにしてくれます。

その結果、あなたは本当に大切なことだけにエネルギーを注げるようになるのです。

長年の成功法則の実践&研究の集大成

この本の構成、「4つの地図」、文章もすべて、あなたが変化できるようにデザインされています。

「4つの地図」自体は、とてもシンプルで、コミカルな感じで描かれています。事前にお伝えしておきますが、この本は他の本とはまったく違います。子供でも理解できるようにデザインされています。

この本は、**「4つの地図」のバックボーンにある心理学と神経科学**にも触れるようにしていますが、証拠を深掘りするつもりはありません。

この本のゴールは、あなたが行動できるようにすることです。ただ情報をインプットするだけではありません。

もしあなたが**心理学と神経科学**をもっと深掘りしたいのなら、この本の最後にある参考文献リストを読んでみてください。

私が今まで会ってきた大多数の人々は、夢を実現しようと努力しても、実際には夢を実現できていません。

私は早急にサポートする必要性を感じています。

私はもう70代に入りました。自分でも信じられません。時間は本当に過ぎ去っていくのが早いものです。

私の年齢になると、優先順位はすでに明確です。

夢を実現させるために、私が人生で学んだことを、最も簡単で効果的な方法でシェアします。他のことは無視していいのです。

私は心理学者ではありませんが、これまでの著書とビジネスを通しての経験から成功の原則を教えてきました。

この「4つの地図」は、あらゆる意味であなたに届ける私の「最後のレッスン」なのです。

私が長年、成功について学んできたすべてが、この本に凝縮されています。もし私があなたをサポートするのなら、間違いなくこの「4つの地図」を教えるでしょう。

「4つの地図」の科学的メカニズム

左脳派のあなたのために、簡単に「4つの地図」の裏にあるコンセプトについて触れておきます。

基本的なコンセプトは、**「言葉より視覚効果を使う」**ことです。

たとえば、映像や絵など、見たり描いたりしたものは、読んだり書いたりするよりも、大きなインパクトを私たちの脳に与えます。

アファメーション、目標、祈りをただ書く代わりに、「4つの地図」は、あなたが理想のライフスタイルを描きやすいようにデザインされています。

つまり、私がお伝えしたい「4つの地図」は、**「ビジュアル記憶装置」**なのです。

また、あなたが成功するために必要なマインドセット、習慣、行動ができるようデザインされています。

この本の地図はすべて、科学的な研究、多くの文化的な証拠、そして、私自身の最先端の能力開発トレーニングの考察と研究の結果が含まれています。

この本には、シンプルなイラストを使った、ポジティブ心理学のワークがあります。描くことを学び、それらを毎日の習慣に取り入れたら、あなたは一生使える考え方を身につけることができるでしょう。


「4つの地図」は、**表現方法**、**記憶方法**、**情報処理方法**を提供しているのです。

「百聞は一見に如かず」ということわざにもあるように、視覚効果を使わない手はありません。

視覚効果は、人生で新しいスタートを切るときやゴールに向かって進むときに絶大な効果を発揮します。

まるで魔法がかかったかのように作用します。

あなたは視覚効果によって目的を明確にできるのです。

視覚効果によって、あなたはモチベーションが高まり、より輝く人になれるのです。

私はたくさんのクライアントや生徒が「4つの地図」を描くことで、輝いていくのを実際に見てきました。

彼らは以前よりもハッピーに過ごしています。ですから、私はみなさんにこの地図をシェアせずにはいられないのです。

「4つの地図」の3つの原理原則

「4つの地図」を描くときに、覚えておきたい3つの原理原則があります。

あなたは、どの分野でもこの原理原則が使われていることに気づくはずです。なぜなら、この原理原則は、すべての自己啓発本や文学の中で使われているからです。

あなたはこの本を読んでいくうちに、その原則がわかっていくでしょう。

成功は、自分の内面から外面につながる——原理原則1

あなたが成功するためにチャレンジしようとするとき、成功はあなたの内面からスタートします。

そして、何かにチャレンジして、アウトプットして初めて外へとつながるのです。幸せに成功した人々は、自分の内面を大切にすることで、外面を征服していくのです。

私が30歳でまだ新米だったとき、ニューヨークタイムズのNO1ベストセラーになった不動産投資の本を書きました。そして、私はそれから40年以上にわたってファイナンシャル投資戦略について教えてきました。また、お金についての本も書いています。私がシェアする話は、もしかしたらクレイジーな世界かもしれません。

私は自分の過去にプライドを持っています。

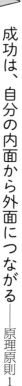

しかし、私は気づいたのです。クライアントや読者が正しいメンタルを持っていなければ、私の立てた戦略を実行するのはとても難しいということを。

ですから、起業して、ビジネスを始めるときに、落胆や拒絶に勝つことができず、あきらめてしまうのです。

最初に「内面の豊かさ」が明確になって初めて、「外面の豊かさ」にもつながるのです。

私は、生徒から「内面の豊かさ」を直接学びました。また、私自身も人生のアップダウンを身をもって経験してきました。

チャレンジすることを怖れない人はいません。

過去に私は大きな間違った決断をしてしまったことがあります。それは、本当に最悪な決断でした。

私は全財産を失ったのです。

その最悪の決断をした際のことを1つひとつ検証してみると、明確さに欠けている状態でした。

私の内側の世界は、正しく機能していませんでした。私は、チャレンジに対して**「短期的な願望」**と**「長期的な願望」**を明確にイメージできていなかったのです。

その一方で、正しいマインドセットと現実の世界が一致したとき、私の成長の加速は、留まることを知りませんでした。

だから、あなたにも同じことが起こると確信しています。

公開！「4つの地図」の全貌

私はこの「4つの地図」を、あなたの人生の内面と外面に働きかけるようにデザインしました。

最初の2つは、「内面」について、あなたがやりたいこと、なぜやりたいかを明確化することをサポートします。

それらはマインドセットの基本になります。

後半の2つの地図は、「外面」について、あなたの理想のライフスタイルを実現するために必要な行動、つまり、タスクや優先順位について説明しています。それらは行動を起こすための基本となります。

この本でお伝えしたい「4つの地図」は、次の4つです。

◎人生の内面をサポートする2つの地図

地図1「明快な地図」

地図2「予想の地図」

◎人生の外面をサポートする2つの地図

地図3「儀式の地図」

地図4「行動の地図」

成功は実測できない心の内面の世界からスタートします。

しかし、私たちは実測できる世界に住んでいます。マインドセットと行動は、心の内面の基礎になります。そして、それらは日々の正しい行動で培われていきます。

コミットの締め切りは、24時間以内——原理原則2

ビジョンを毎日コミットすることが大切です。

すでにお話ししたように、私たちの脳は忘却マシーンです。脳は、瞬間ごとに自然と反応してしまうのです。

たとえば、「ダイエットする」という長期的なコミットをしたとします。しかし、アイスクリームのようなご褒美に対して、「NO」ということは難しいのです。アイスクリームはそこにあるし、とてもおいしそうに見えます。

私たちの世界は、すでにコミットしたことでも、すぐに忘れるようにできているのです。

私たちは常に、メールや批判的なツイート、広告などから誘惑や攻撃を受けていています。これらの誘惑は、本当に価値あるものから遠ざけようとしています。

これらの誘惑に勝つ唯一の方法は、**「価値あるコミットをして、そのコミットを定期的に反復する」**ことです。

まわりにあるすべてのものがネガティブだと言っているわけではありません。美しい景色、すばらしいチャンス（この本との出会いもその1つ）、インスピレーションやポジティブなことは、私たちはアンテナを張る必要があるのです。

しかし、インスピレーションとカオスや不要なものを見分けるには、明確にコミットしたビジョンが必要なのです。

そして毎日、自分自身にコミットする必要があるのです。

私はあなたに「4つの地図」の価値を伝えたいのです。

そして、毎日描いてほしいのです。

また、あなたの人生でポジティブな結果を出してほしいのです。

加えて、「4つの地図」の終わりにあなたの名前をサインして、毎日1回は自分自身にコミットしてください。

あなたの決断は、「夢」か「怖れ」が基になっている――原理原則3

人間は、同時に2つのプログラムを機能させるマシーンだと私は考えています。

1つは、**「怖れプログラム」**です。

これは、利己的な条件反射、痛みや過去の悪い経験、未来への不安がベースになっているプログラムです。

もう1つは、**「夢プログラム」**です。

これは、未来へのゴール、私たちの前向きなビジョン、他者への愛、限りない願望がベースになっているプログラムです。

怖れと夢は、互いに競い合っています。

私たちの行動は、この怖れと夢の2つからきています。

私たちが決断を下すとき、夢から来るのか、怖れから来るのかのどちらかなのです。

あなたの肩で、天使と悪魔が競い合っているイメージです。

夢から来る決断は、豊かさからきています。その決断は、あなた自身をベストな状態へと近づけてくれます。そして、前向きで優しくて賢い人にしてくれます。

夢の決断は、あなたの影響力を大きくしてくれると考えています。

一方、怖れの決断は、あなたを小さくし、自己成長を妨げ、自己中心的で不平不満を言い、他人を軽蔑する小さい人間にするのです。

「怖れプログラム」を使わず、「夢プログラム」を使うためのコツ

残念なことに、私たちのほとんどが間違ったマインドセットで、「怖れプログラム」を使っています。

いや、それどころか、多くの神経科学者が、私たちの脳は怖れによって決断していると確信しています。

ですから、私たちは夢の決断をするワークをしなければなりません。

つまり、「怖れプログラム」を起動し使うのではなく、**「夢プログラム」を使うためのワーク**をする**必要**があります。

これは、努力なしではできません。

私は楽観主義的な、夢のような話をしているのではありません。希望に満ちた決断を選択することが大切だと言っているのです。

私はこのことを20年以上、言い続けています。そして、それを実現しています。毎日、あなたは怖れよりも夢を実現するようにしなければなりません。

夢を実現する強力な方法は、**あなたの夢をすでに実現したかのように鮮明にイメージする**ことです。

「視覚化することは、成功への鍵だ」というスポーツ、ビジネス、人間関係で成功している人の研究報告もあります。

この「4つの地図」は、夢を視覚化できるようにしています。

いや、それどころか「4つの地図」をデザインした一番の理由は、あなたの夢を実現するサポートをするためです。

あなたの人生において、視覚化する習慣を日々練習できるようデザインしています。

学ぼうとせず、とにかくやってみる

地図を描く前に最後のアドバイスです。

この本は、「4つの地図」を通して、あなたの人生と時間を上手につくる方法を教えています。

似たようなメソッドはあるかもしれません。それらも本当にすばらしいものです。

人間は永遠にクリエイティブなので、成功するためのメソッドはたくさんあるものです。

その中からあなたが好きなメソッドを見つけてください。そして日々それを実践してください。

ほとんどの人は、自分に合う最適なメソッドを探すのに多くの時間を費やしています。それを自分自身のものにする時間がないのです。

そんなあなたにピッタリなのが、今回紹介する「4つの地図」です。

時間もかからず、科学的にも証明された、再現性の高いメソッドです。

この「4つの地図」を自分に合うメソッド選びの選択肢の1つに入れて、あなたも好きなメソッドを見つけてください。そして、ぜひそれを取り入れて、マスターしてください。

第2章

幸せ「マインド」をつくる 2つの地図

地図1
明快な地図

本当にやりたいこと、その理由を正確に知る

「4つの地図」の1つ目は、あなたの内面と信念についてです。

この地図は、あなたに完璧な明快さを与えるようにデザインされています。

明快さとは何でしょうか？

明快さとは、あなた自身**「何がやりたいのか？　なぜ、やりたいのか？」**を正確に

知ることです。

他の言葉で表現するなら**「目的」**です。

この**「明快な地図」**を描き終わったとき、未来に対するあなただけのビジョンができあがります。

同時に、あなたは、「なぜ、その未来を手にしたいのか？」も理解できます。

そして、リアルな世界で「何にエネルギーを注げばいいか？」もわかるようになります。

目的がはっきりした努力、目的があいまいな努力

本当にやりたいことを自分で正確に理解している人は、あまりにも少ないのです。

この事実を知ったら、あなたはショックを受けるかもしれません。

実は、多くの人が「短期的」な視野しか持たず、物質重視の目標しかありません。

その結果、人生を通してピンチへと陥ります。

彼らは、考えていること、やりたいことはしっかり理解していますが、結果とゴールに集中していません。実際に、「意識的に」コミットして、夢に向かって行動している人が本当に少ないことに、あなたは驚くはずです。

しかし、偉大な夢は実現可能です。

集中してターゲットを絞り、努力することが、偉大な夢につながると私は信じています。それを前提にした日々の努力は、常に成功へと導いてくれることを知っているからです。

目的を明確にする方法

私は毎朝、自分の夢を反復して明確にし、すぐに行動するようにしています。ここで私のやり方を紹介しましょう。

白い紙と**ペン**を用意してください。もしくは、あなたの好きなデジタル端末（PC、スマートフォン）でもいいです。

左端上のほうに、**「明快な地図」**と書いてください。これは、あなたの「明快な地図」になります。

そして、**左端下のほうに、悲しそうなしかめっ面の顔を描いてください。**

これは、一見馬鹿げているように感じるかもしれません。子供じみたイラストを描くことに、抵抗があるかもしれません。

でも、その抵抗も織り込み済みです。

この本は、従来の本とは違います。もう少し辛抱してお付き合いください。

これは、あなたが成長するためのベストな方法なのです。

聞いたことは忘れる。
見たことは覚える。
やったことはわかる。

——老子（思想家、哲学者）

目的を明確にするイラスト

では、イラストを描くことに挑戦してみましょう。

左下に悲しそうな顔を描きましょう。たぶん、あなたは自分の絵のスキルが少し低いことにためらうかもしれません。

しかし、あなたに難しい絵を描くようには言っていません。誰でも描ける悲しそうな顔を描いてみてください。

そして、今度は、**右上に笑顔を描いてみましょう**。次ページのイラストのように描くのがポイントです。

「明快な地図」の描き方

イラストには2つのイメージ像があります。悲しい顔（左下）と笑顔（右上）の2つです。わかりましたか？

悲しい顔は、あなたが人生の明確な夢を持っていないことを表現しています。

実際に、悲しい顔を四角で囲んでみてください。悲しい顔は、オリの中に閉じ込められています。

これは、あなたが何をやりたいかがわからず、制限されている状態を表現しています。人生における明確な夢がなければ、あなたは、事実上閉じ込められているのと同じです。自分自身の怖れ、もしくは他人に対する怖れや他人からの抑圧によって閉じ込められた人質です。そしてあなた自身の夢やビジョン実現のためではなく、誰かのために働いている状態です。

今度は、笑顔のほうを見てください。

その人は、理想のライフスタイルの中で生活をしています。**「理想のライフスタイル」**はおもしろいコンセプトです。「4つの地図」では、この「理想のライフスタイル」という表現をよく使います。

これから一緒に考えてみましょう。

「理想のライフスタイル」をつくる4つの鍵

あなたにとっての「理想のライフスタイル」とは、何を意味していますか？最高のものですか？

もし、あなたが理想のライフスタイルを創造できるとしたら、それはどんなものでしょうか？

どこであなたは暮らしているのでしょうか？

あなたは何に時間を使っていますか？

あなたの内面はどうですか？

今あなたは、すでに理想のライフスタイルで暮らしていますか？


私は長年多くの生徒を教えてきて、**理想のライフスタイルには「4つの鍵」がある**ことを確信しました。

「4つの鍵」は次のとおりです。

①良好な人間関係

理想のライフスタイルには、あなたが大好きな家族や尊敬する友達との良好な人間関係にあふれています。

②健康

理想のライフスタイルは、健康的な生活です。心の健康と身体の健康です。もし、あなたが健康でなければ、すべてのものは手に入りません。

③時間的自由

理想のライフスタイルでは、好きなことに没頭できる十分な時間を持ち、好きな場所で好きなことができます。

④経済的自由

理想のライフスタイルでは、借金がなく、貯金や投資ができるくらいの稼ぎがあり、住みたい場所に住み、まわりの人を助けられるくらいの稼ぎがあります。

あなたの「理想のライフスタイル」をイラストにする

では、「4つの鍵」を取り入れた理想のライフスタイルを「明快な地図」で描いてみましょう。

今回は、**笑顔のまわりにボックス**を描いてください。その**ボックスの上に屋根を付けて、ドアを付けます**。そうすると家ができあがります（イラスト参照）。

これが、あなたの夢の家です。

これは、あなたの理想のライフスタイルを表現しています。夢の家の中に、4つのシンボルを描いてください。

良好な人間関係であふれていることを象徴するハート、経済的自由を象徴するお金、時間的自由を象徴する時計、健康を象徴する人間を描いてみましょう。夢の家は、このイメージです。

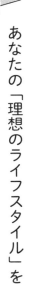

あなたは旅の途中にいる

先ほど描いた2つの絵を注意して見てください。

これは、多くの人々の人生を表しています。悲しい顔は、今の彼らの人生、彼らの**ビフォー・ストーリー**を表現しています。笑顔は、彼らの理想のライフスタイルを送っている**アフター・ストーリー**、つまり将来を表現しています。

この本は、アフター・ストーリーにあなたがなれるように構成されています。それ

明快な地図

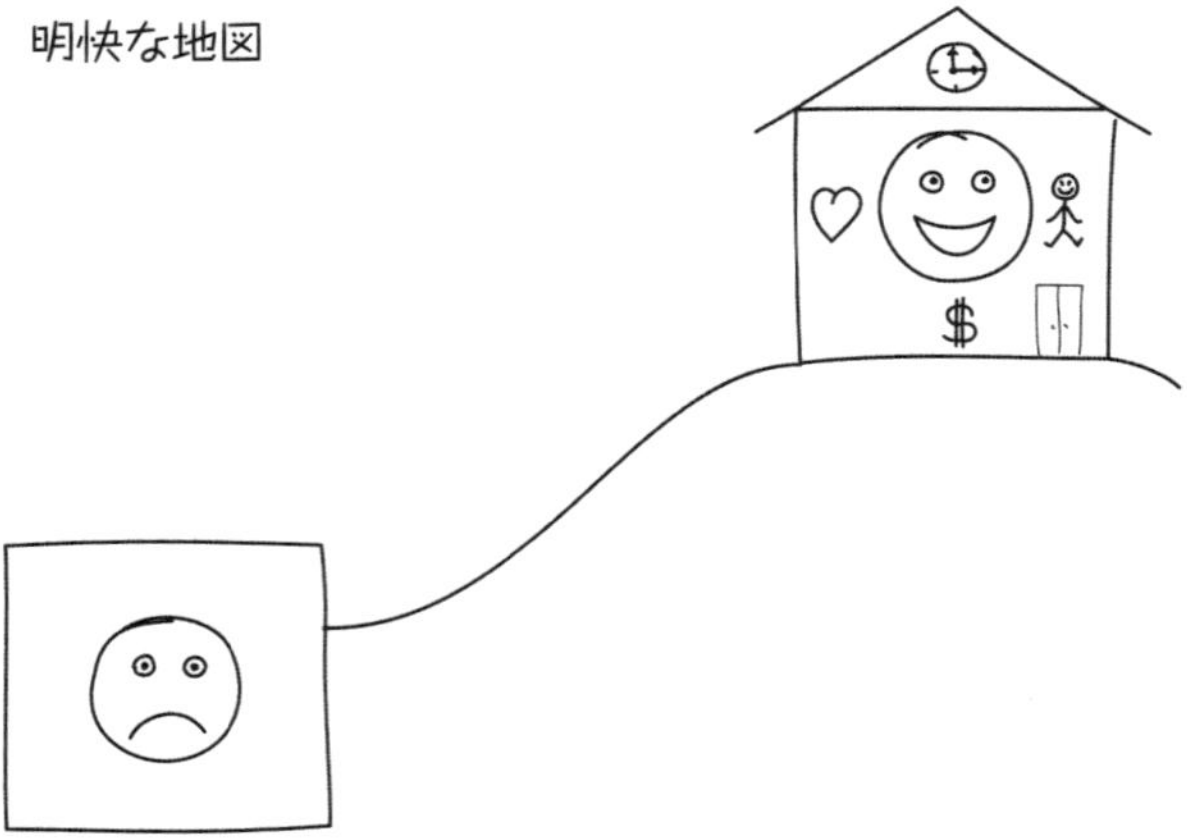

THEFOURMAPS.COM

は、長い旅のようなものです。

山を登るようなものです。

私はあなたに、この「明快な地図」で、**制限されたオリの中にいる悲しい顔と、夢の家にいる笑顔を一本の線で結んでほしい**のです。上のイラストのように。

イラストにすると、本当の山のようですね。「4つの地図」は、あなたが山頂に向かって旅をしているイメージを描いています。

地上で計画をして、登山靴を履いて準備し、山頂（成功した生活を手にする）までの必要不可欠なステージがあるのです。

それぞれの「4つの地図」は、オリにいる悲しい顔と、山頂にある理想のライフスタイルの夢の家に住んでいる笑顔を、スロープを描くところからスタートします。一度、これらのシンプルな形を理解したら、簡単に描くことができるでしょう。

すでにあなたは、理想のライフスタイルについての多くのことがわかっているはずです。

ありのままの自分を受け入れて楽しんでいる平凡な人生と、やりがいのあるゴールに向かって努力している人生との間には、明らかな差があります。

この**理想のライフスタイルへの旅路の過程では、あなたはすでに成功しているということを忘れないでほしい**のです。

また、自己満足はしないでほしいのです。私の経験上、成功している人々は常に努力しています。旅の途中で現状に満足することはありません。

望みを叶える魔法の杖を持っていたら、あなたは何がしたいですか？

「明快な地図」づくりに戻りましょう。

次ページのイラストのように、**プラス（＋）を上に書き、その下に3本の下線を引いてください。**

今度は、**マイナス（−）を、悲しい顔の真上に書いてください。そして、3本の下線を引きましょう。**

次に、あなたは望みを叶える魔法の杖を持っていて、理想のライフスタイルで暮らしていることをイメージしてみてください。

あなたは自分の人生に何をプラスしたいですか？

この**プラス（＋）の下線部に、あなたの心に最も強く浮かんだことを3つ書いてく**

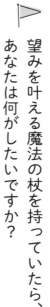

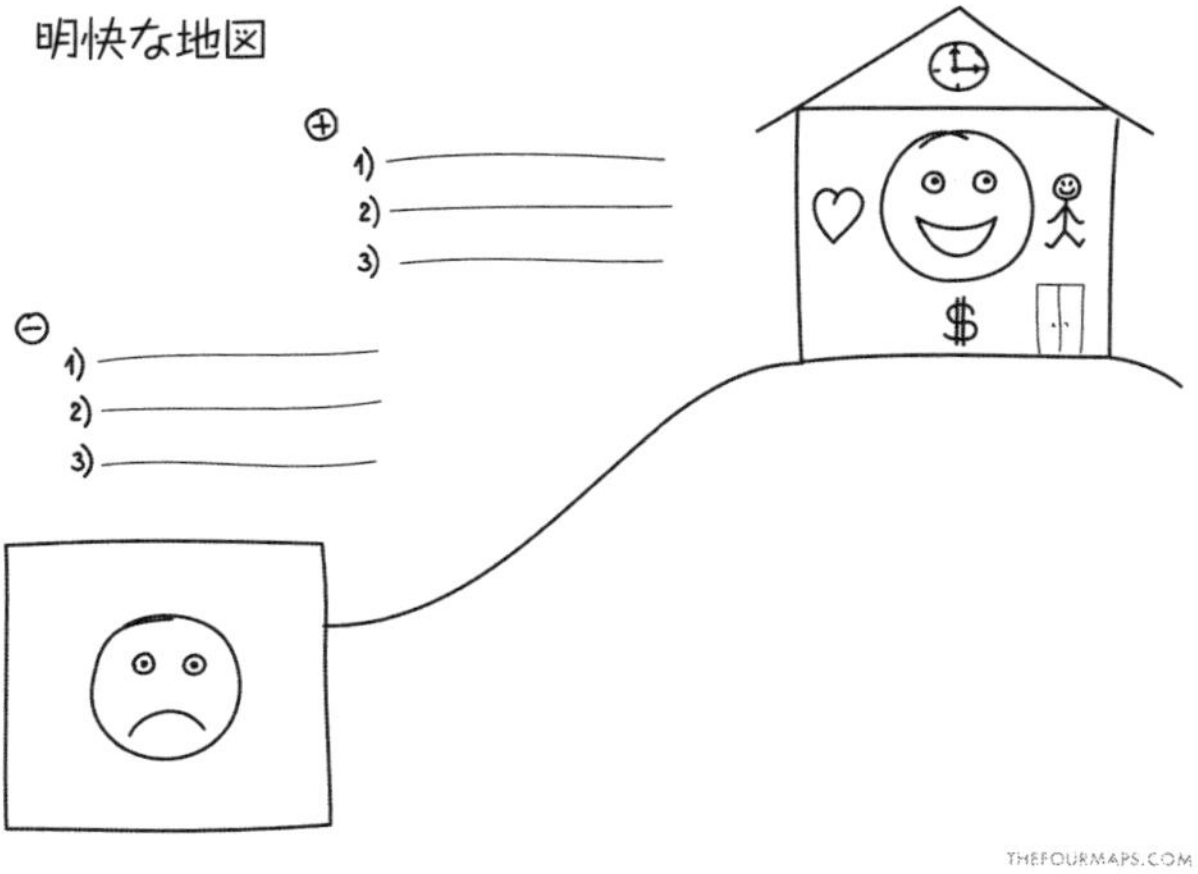

ださい。

この3つは、あなたが、何が何でもやりたいことです。

理想のライフスタイルを手に入れたとき、あなたは信じられないくらい幸せでしょう。新築の家のような物質的な所有物でもいいのですが、もっとそれ以上に深い価値のあることを考えてみてください。

あなたが本当に、本当に、本当にやりたいことは何ですか？

本当に「やりたいこと」を見つける方法――「何がしたい？」ゲーム

ここで、あなたに明確にやりたいことが何かを発見する方法をお伝えします。もしあなたが、本当にやりたいことがすでにわかっているなら、遠慮せずに、ここを飛ばして前に進んでください。

この**「何がしたい？」ゲームは、人間関係と信頼を構築するための強力なツール**です。また、明確な夢を見つけられるすばらしいツールです。

多くのバリエーションがありますが、こんな感じで始めましょう。

あなたが愛する人や信頼できる人とやってください。

一人は質問者、もう一人は回答者です。

最初はアイコンタクトなしでやってみてください。なぜなら、かなりインパクトが強いからです。

質問者は、ただ1つの質問**「あなたは何がしたいの？」**と自然に言ってみてください。

回答者は、**最初に頭の中に浮かんできたこと**を答えてください。

何でもいいのです。ポップコーンを食べることでもOK。最初は、本当に馬鹿げた答えを出すのがほとんどです。

回答者が「何がしたいか」を言い終えたとき、また質問者は、「あなたは何がしたいの？」と繰り返してください。

そして、回答者は、もう一度最初に浮かんできたものを答えてください。

これは、10分から20分程度で場所を問わずどこでもできるので、ぜひやってみてください。そして、質問者と回答者を入れ替えて、交互にやってみてください。

そうです。同じ質問です。同じ時間をかけて。

質問者は、「あなたは何がしたいの？」と自然に言ってください。

それ**以外**は何も言わないことが**大切**です。

なお、このゲームは、絶対に「いい」「悪い」の判断をしてはいけません。ディスカッションもしてはいけません。

将来に起き得る問題については話し合うことはＯＫです。

このゲームのゴールは、回答者と質問者との間で壁のない関係を築き、２人が心地よく、本当に心からやりたいことを言いたくなることだからです。

いくつか問いに答えた後、頭の中がクリアになり、心の底から本当にやりたいことがわかってきます。

質問者は明確にやりたいことが出てくるまでは、質問し続けることになるかもしれません。回答は、**馬鹿げた回答や、一般的な回答（たとえば、「世界平和」「もっとお金がほしい」など）でもいい**のです。

しかし、最後には、あなたが本当に深いところからやりたいこと、必要なものを回答します。

そして同時に、その理由も出てきます。２人がお互いを信頼していたら、魔法のような効果も出てくるのです。

あなたは、将来、何がやりたいですか？
自信を取り戻すこと？
今の仕事を辞めて新しいビジネスをすること？
高校生時代に着ていたジーンズをまた着ること？
壊れた人間関係を修復すること？
愛に満ちた生活を満喫すること？
財団をスタートさせること？
あなたが本当にやりたいことは何ですか？

あなたが「やりたいこと」を書き出す

「明快な地図」づくりに戻りましょう。
もしあなたの中で、まだ明確になっていなくても、**やりたいことをプラス（＋）の**

下に書いてください。それらは、あなたの理想のライフスタイルへと導いてくれます。

あなたの理想のライフスタイルは実現できます。

あなたはそれを手に入れるでしょう。

やりたいことを書きましたか?

それとも、この先が気になって、先のページをめくってしまいましたか?

もし、実際に書き終えたのなら……。

よくできました! 自分自身を褒めてあげてください。

もし書き終えてなくても、**この本は「学習するための本」ではなく、「実践する本」だと**覚えておいてください。

さあ、始めましょう。3つのやりたいことを書いてください。あなたが書いているとき、ものすごくワクワクして自分の気分が上がるはずです。

今度は想像してみましょう。

あなたが書いたネガティブなことが消えて、あなたが望むことが魔法のように叶って、人生がより良くなっていることを。

あなたが「やりたくないこと」を書き出す

次のようなことを自問自答してみてください。

「今の人生から何を取り除けば、理想の人生に近づけるのか？」

そして、**下の（二）のところに、あなたが人生で取り除きたいことを3つ書いてください。**

私はこのネガティブな3つを「やりたくないこと」と呼んでいます。すごくわかりやすいですね。

あなたは長い時間、この「やりたくないこと」を考える必要はありません。

私たちは、人生でネガティブなことをよく考えてしまいます。理想や夢よりも、はるかに長い時間怖れについて考えてしまうのです。それは、実に悲しい現実です。

でも大丈夫。

「明快な地図」の目的の1つは、考え方をトレーニングすることです。

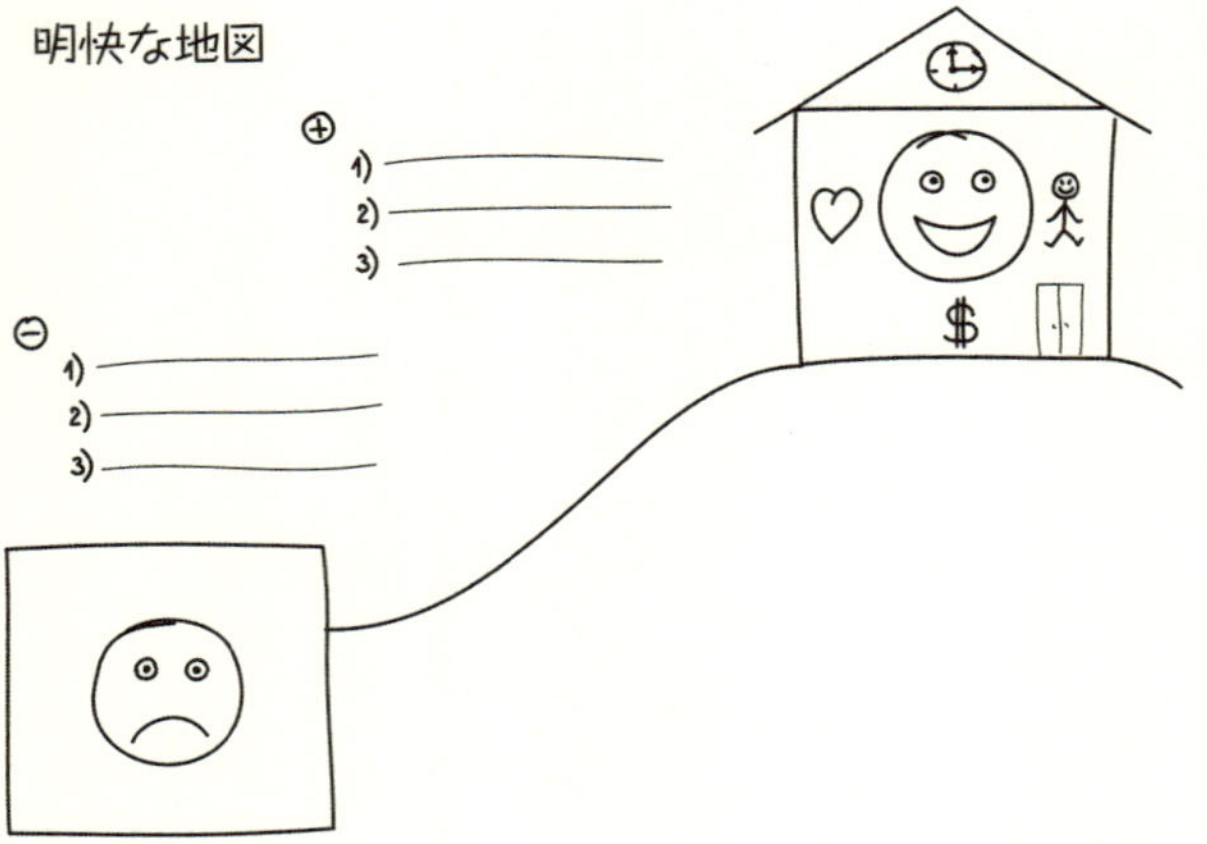

「明快な地図」は、あなたの想像力（やりたいこと「＋」、やりたくないこと「－」を考えること）を膨らませてくれます。

ここに、あなたがやりたいこと、やりたくないことを書く前の「明快な地図」があります。

なぜ、あなたはそれをやりたいのですか？

山頂にある理想のライフスタイルを手に入れるためにも、あなたは強いモチベーションが必要になります。

今度は、あなたの理由を書くことに集中してみましょう。

理由が、あなたの「やる気エンジン」

山頂にある理想のライフスタイルにつながる、新しい旅をする理由は何なのかを考えてみましょう。

次ページのイラストのとおりに、**あなたの夢の家の下に、「なぜ？」と書いて、3本の線を引いてください。**

私たちが決断するときには、必ず理由があります。

何かをするときに、私たちは理由がないと達成できません。とてもシンプルなことです。

理由は、行動するモチベーションなのです。

もし悪い理由なら、私たちのモチベーションを下げてしまいます。いい理由なら、私たちを止めるものは何もありません。

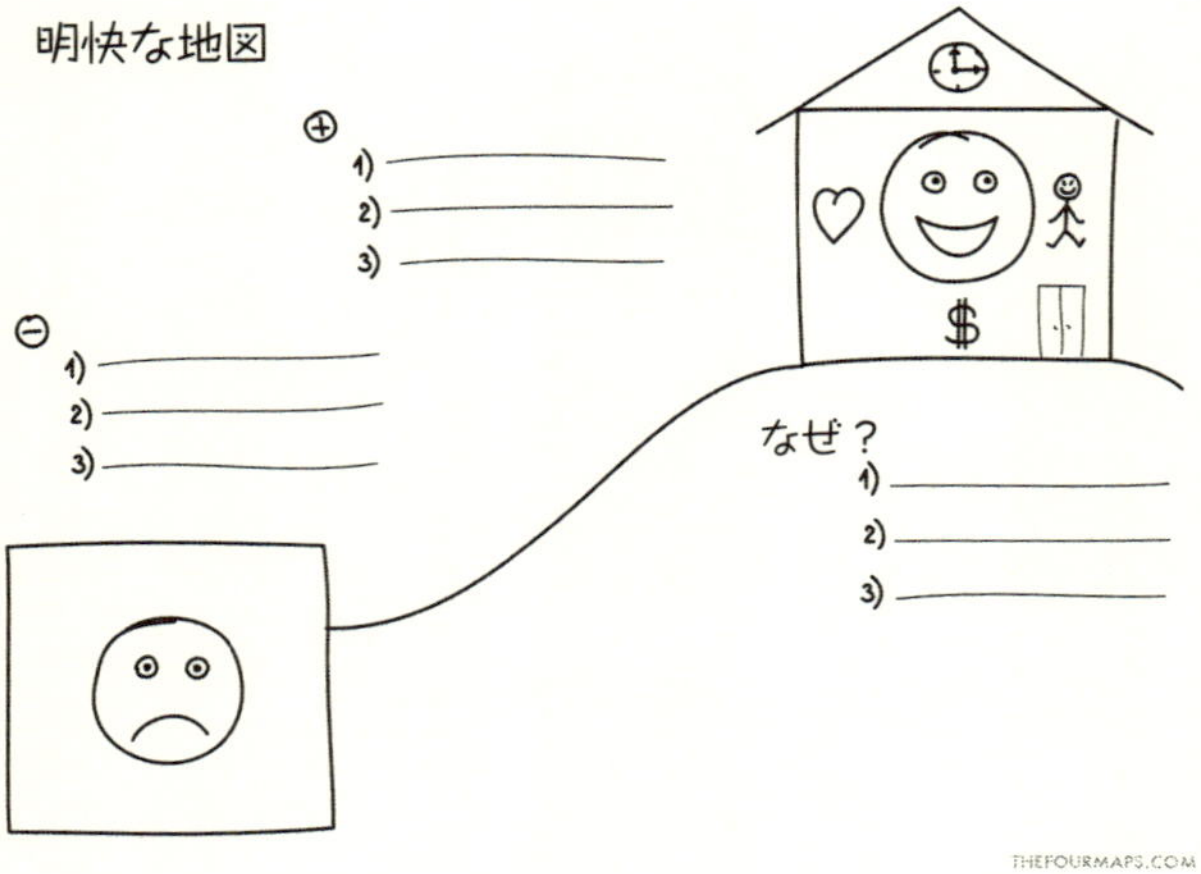

私は理由を**「やる気エンジン」**だと考えます。

そして、その理由が山頂にある私たちの理想のライフスタイルへと押し上げてくれるものだと考えています。

すべてのエンジンが同じとは言えません。あるエンジンは、短期的で力強いマシーンのようなものです。そのエンジンは、あなたに即爆発力を与えますが、力強いパワーがそのまま続くと、実は時に悪いエンジンになってしまうのです。

また他のエンジンは、ゆっくりと炸裂します。小さいパワーをコツコツと積み上げて、長期的にあなたにパワーを供給します。

理由が良いと、やる気エンジンも良いエンジンになります。理由が悪いと、悪いエンジンになってしまいます。あなたがほしいものを手に入れた後、やる気エンジンが失速して元に戻ります。

もしあなたに明確な「理由」があれば、あなたは止まらずに前進できます。

やりたい理由は3種類

ここで、あなたに朗報があります。

自分の理由は、自由に選ぶことができるのです。

あなたの夢と同じように、あなた次第なのです。

しかし、その理由が何なのかがわからないうちは、正しい理由を選択することはできないのです。

その理由とは、どういったものなのでしょうか？

人間の行動の裏には、「動機付けがある」と、たくさんの本に書いてあり、それは研究で裏付けられています。

その事実を私がカスタマイズしたバージョンでは、理由を3つのカテゴリーに分類しています。

その3つとは、**「必要な理由」「個人的な理由」**、そして**「私たちの理由」**、つまり、使命から生じる理由です。

それぞれ違ったタイプのユニークなやる気エンジンです。

「必要な理由」の特徴

1つ目の「必要な理由」は、**短期的で強力なモチベーション**になります。

もしあなたが空腹だったら、あなたには食べ物が必要ですよね。そして、食べ物を手に入れるために、喜んで何でもするでしょう。もし食べ物があるとわかれば、あなたは何キロでも歩くでしょう。

もしもあなたが破産したら、お金が必要ですよね。あなたのモチベーションが高ければ、週に80時間働くことができるでしょう。

あなたの大好きな人が、「アメリカを一緒に自転車で横断しよう」と誘ってきたら、あなたは自転車に乗るでしょう。

このように、「必要な理由」は、非常に強力なのです。

しかし、ここに重要な事実があります。

その必要性は、満たされてしまうということです。

あなたが、十分なモチベーション、すなわち「必要な理由」で一生懸命取り組んだのなら、それを大事にするでしょう。

そうしたら、次にモチベーションはどうなるでしょうか？

もしお腹を空かせた人が食べ物を手に入れたら、その「必要な理由」は、完全に消えてしまうでしょう。そして、また空腹を感じるまでは、食べ物を探し求めるモチベーションは持続しないでしょう。

すでに仕事で十分なお金を稼いでいる人が、もっとたくさんのお金がほしいと思ったらどうなると思いますか？

彼は行き詰まりを感じるはずです。その根底にあるものは、仕事があることによってすでに満足しているからです。

そして、その「必要な理由」から生じるやる気エンジンでは、突破口を開くことはできません。

突破口を開くのには、また違った種類の理由が必要なのです。

「個人的な理由」の特徴

子供の頃、あなたは何になりたかったでしょうか？

宇宙飛行士？　消防士？　アスリート？　オペラ歌手？

私の場合、思い出す限り、億万長者になりたかったのです。

私はカナダのアルバータ州にある小さい町の中流階級の家庭に育ちました。「億万長者」という言葉は小さい町の少年には、とても輝きのあるものでした。

今でも覚えていることがあります。

プロポーズする2、3週間前に、婚約者の母親に会いに行きました。彼女は、私をまっすぐ見て、「あなたは人生をどう歩んでいくつもりなの？」と尋ねました。私は彼女を見て、「億万長者になります」と答えました。その話を思い出すたびにクスクス笑いが出てきます。そして、少し恐縮してしまいます。

「私は義理の母親になる人に対して、なんて生意気な態度をとっていたのだろう！」と。

しかし、その後、私は億というお金を稼いだのです。

私は億万長者になることで、人生で何か偉大なことを達成したという証明をしたかったのです。

その願望が、私を押し上げてくれたと言えます。だから、私は本当にお金にフォーカスしていたのでしょう。

私の億万長者になる理由は、「個人的な理由」でした。

私は緊急を要するお金をほしいわけではありませんでした。他人のために使うお金もほしくありませんでした。

私は、自分のためのお金がほしかったのです。

あなたは、「個人的な理由」を考えたことがありますか？

ちなみに、私たちがダイエットして痩せたいという理由は、「個人的な理由」です。


「個人的な理由」の良さは、長期的なエンジンになる点です。

そのエンジンはとても強力なので、山頂にある理想のライフスタイルへとあなたを押し上げてくれます。

しかし、もっと強力なタイプの理由もあります。

「私たちの理由」の特徴

「私たちの理由」は、**人間の行動のモチベーションの中で最も強力**です。

同時に、私たちの人生で明確にするのが一番難しいものです。

誰かを助ける願望が「私たちの理由」です。

私たちの多くが、他人を助けたいという漠然とした願望を持っています。もちろん、与える人になりたいと私たちは考えるかもしれません。

しかし、それが、最も強力なやる気エンジンだということに気づかないのです。いや、それどころか、他人を助ける行動をしたとしても、まだそれに気づかないのです。私もずっとそうでした。

しかし、「私たちの理由」は、本当にすばらしいと私は断言できます。

なぜなら、この理由がモチベーションの生産工場になるからです。

「私たちの理由」をモチベーションとする秘訣は、**あなたが愛する誰かのために、何かをする**ことです。

そうです！　「愛」が答えなのです。

私をメンターにしていた女性が、「億万長者になりたい」と言いました。そこで私は彼女にその理由を聞きました。すると彼女は「実は、息子が小児麻痺で、息子をサポートする政府の援助が得られなくなりました。十分なお金を稼がないと、息子は死んでしまうのです」と言ったのです。彼女はモチベーションが高く、彼女を止めるものは何もありませんでした。

彼女の「私たちの理由」と自分中心の「個人的な理由」の違いがわかりましたか？

「私たちの理由」はとても強力なので、よく私たちの人生の目的として使われます。**あなたが「私たちの理由」を強く持ったとき、喜んで自分の存在を意識します**。私たちは、まさに幸せに満ちた健康な理想のライフスタイルへと進んでいけるのです。

今までお伝えしてきた3種類の「理由」について図にまとめましたので、参考にしてみてください。

３種類の「理由」

理由	期間	特徴	例
必要な理由	短期	満たされたら消えてしまうもの。	空腹時の食べ物
個人的な理由	中・長期	個人的なもの。	・自分のために億万長者になる。 ・ダイエットして痩せる。
私たちの理由	長期	使命から生じるもの。	・誰かのために何かをしたい。 ・病気の息子を助けるための必要なお金を稼ぐ。

強い理由があれば、
どのようにすればいいか
見えてくるだろう。

——ビル・ウォルシュ（アメフトのコーチ）

人生で最も大切な日は2つある。
あなたが、生まれた日と、
なぜ生まれたのかを知った日だ。

――マーク・トウェイン（アメリカの作家）

理想のライフスタイルに到達するには、たくさんの取り組みが必要です。

私たちには強力な理由が必要なのです。

それは、古くさく聞こえるのはわかっています。

しかし、愛が本当の答えなのです。自分以外の人に対しての愛が増えると、エネルギーやモチベーションがなくなることはありません。

あなたの理由を書き出す

あなたは、深く自分の理由を考えたことはありますか？

もしなければ、今からでも考える時間を取ってみてください。そして、「明快な地図」に戻り、**あなたの最も強力な理由を3つ、「なぜ？」と書いてある下線部に書いてみてください。**

3つの理由を組み合わせる

あなたが書いた3つの理由「必要な理由」「個人的な理由」「私たちの理由」を組み合わせれば、完璧です。

「私たちの理由」がなくても、もちろんすばらしいのです。「必要な理由」と「個人的な理由」だけでも、とてもすばらしいものが完成します。

たとえ「私たちの理由」がなくとも、時間をかけて探せばいいのです。私も40代に突入するまで、自分の人生の目的を明確にできていませんでした。

もし理想のライフスタイルを考えるとき、あなたが書いた3つの理由がエンジンとなって、モチベーションを上げるはずです。

あなたには、借金を払うためのお金がすぐに必要かもしれません。夢のマイホームを建てるためのお金がほしいかもしれません。同時に他人を助けるためのお金もほしいかもしれません。

今すぐ理由を探して、書いてみてください。

「理想」を視覚化すると、「4つの地図」が最強になる

ここまでお伝えしたことは、理解できたでしょうか？

また最初に戻ります。

今、私たちは、やりたいことがわかっています。私たちは、やりたいこと（＋）を3つ、人生から取り除きたいこと（－）を3つ書きましたね。

私たちを、理想のライフスタイルへと押し上げてくれるエンジンには、3つの理由があるとわかっています。私たちは、3つの理由も書きました。

あなたのビジョンは明確になりましたか？

しかし、理想のライフスタイルを考えるだけでは不十分です。

私たちは実現しなければいけません。

ここで、もう1つ、大きなステップを踏みましょう。

あなたの理想のライフスタイルを視覚化（強くイメージして、すでに実現しているかのように、体で感じること）をしてみましょう。理想のライフスタイルで生活しているかのようにイメージして、体で感じてみるのです。


私は毎日「4つの地図」を描くことを楽しんでいます。

この経験は、楽しみというよりも、もっと深いところへと連れていってくれます。

それは、瞑想みたいなものです。

私が自分の「明快な地図」を描いているとき、書いたことを鮮明にイメージするために、目を閉じています。

このパワフルなステップを踏まずに、地図を完成したことはありません。

視覚化することで、「4つの地図」があなたに人生を変えるパワーを与えてくれるのです。

おそらくここまで読んだあなたも、自分の理想のライフスタイルを視覚化できているでしょう。すでに、この「明快な地図」を実現していると体で感じているはずです。

視覚化するための2つの鍵

ここに、視覚化するための2つの鍵があります。

最初にやることは、**「自分の理想のライフスタイルがもうすでに実現している」とイメージする**ことです。

あなたが夢の家にいる笑顔を描いているときに、五感を使って理想のライフスタイルを体感してほしいのです。

あなたが今、その夢の家に実際に住んでいると仮定してみます。

何が見えますか？　何を感じますか？　何が聴こえてきますか？　どんな香りがしますか？

理想のライフスタイルをイメージして体感する。それが視覚化するということです。愛に満ちあふれた人間関係を得たあなたの人生はどうですか？　経済的自由を手に入れた人生はどうですか？　時間にとらわれず自由に好きなことをする人生はどうですか？　船で世界一周をしたいですか？　それが実現したらどんな気分ですか？　陽気な気分で船上生活を楽しんでいるでしょう。顔に当たる風を感じてみましょう。なんてグレートな人生なのでしょう。

それが現実に起きていると感じましょう。理想を感じてみてください。

ここで、自分の理由を考えているときの「明快な地図」を視覚化する２つ目の鍵があります。

あなたが理由を視覚化するとき、**「あなたの努力で愛する人々が恩恵を得ている」とイメージする**のです。

あなたの理想のライフスタイルが実現したとき、彼らはどう感じるでしょうか？彼らの顔が、笑顔と感謝の眼差しであふれていることをイメージしましょう。もしくは、あなたの「個人的な理由」の1つが実現したとき、それがどれだけすばらしいことかをイメージしてみてください。

もし、あなたが必要で、かつほしくてたまらないものを手に入れたら、人生がどうなるかをイメージしてみましょう。それを実現してみましょう。

あなたがより鮮明に視覚化すればするほど、毎日のモチベーションがもっと大きくなるはずです。

思い出してみてください。人間の脳は忘却マシーンです。**私たちは、本当に大切なことも忘れてしまう**のです。

私たちが、理想のライフスタイルを視覚化したとき、私たちのやりたい理由が現れます。私たちは再度コミットすれば、24時間以内に忘れることは少なくなります。

あなたの「明快な地図」を視覚化しましたか？

あなた自身を視覚化することは、毎日の怖れではなく、夢を実現する方法です。

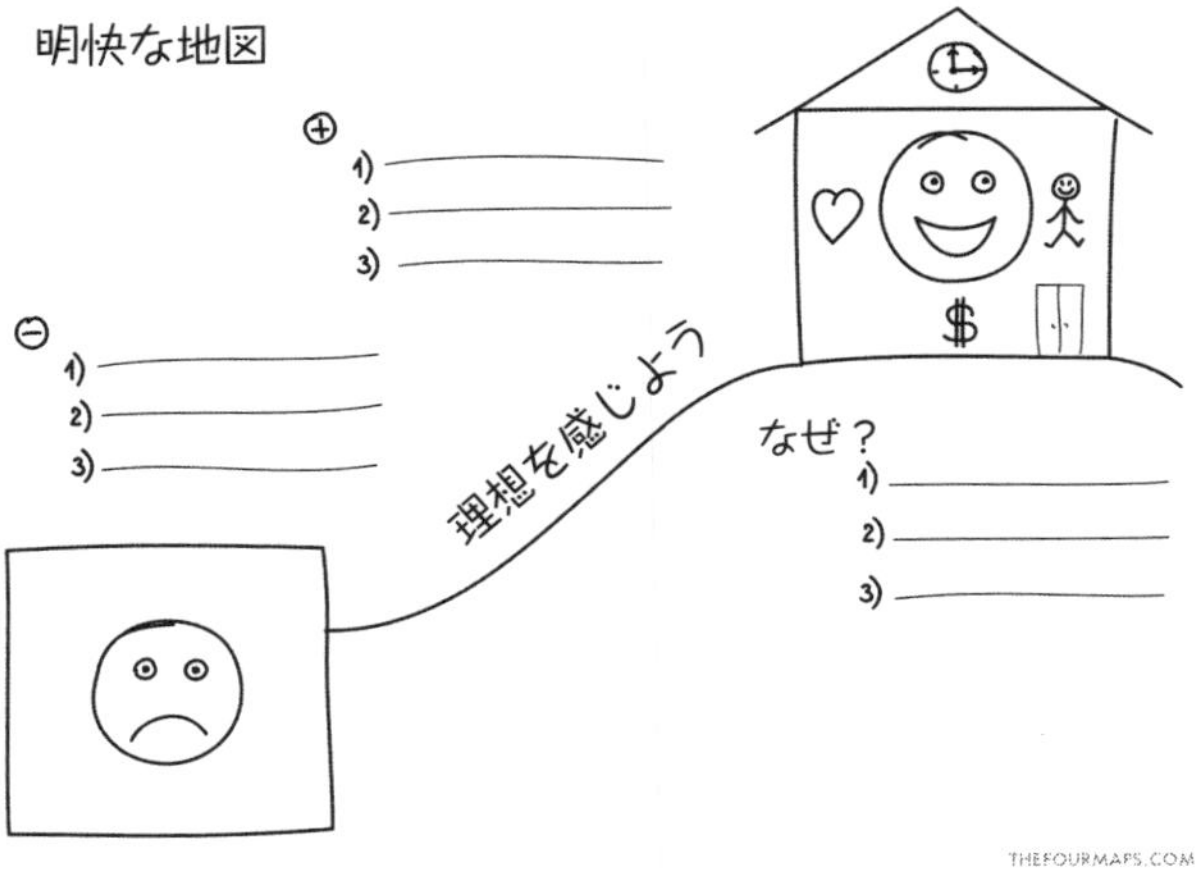

「明快な地図」に戻って、山頂までのスロープの上に**「理想を感じよう」**と書いてみてください。毎日あなたの明快な理想を視覚化して反復するために。

あなたが描いた「明快な地図」にコミットする

あなたの「明快な地図」づくりで、まだやってないことが1つあります。

それは、**あなたのサインを書く**ことです。

今から**24時間以内にコミットする**ことです。

次ページのイラストのように、右下の角

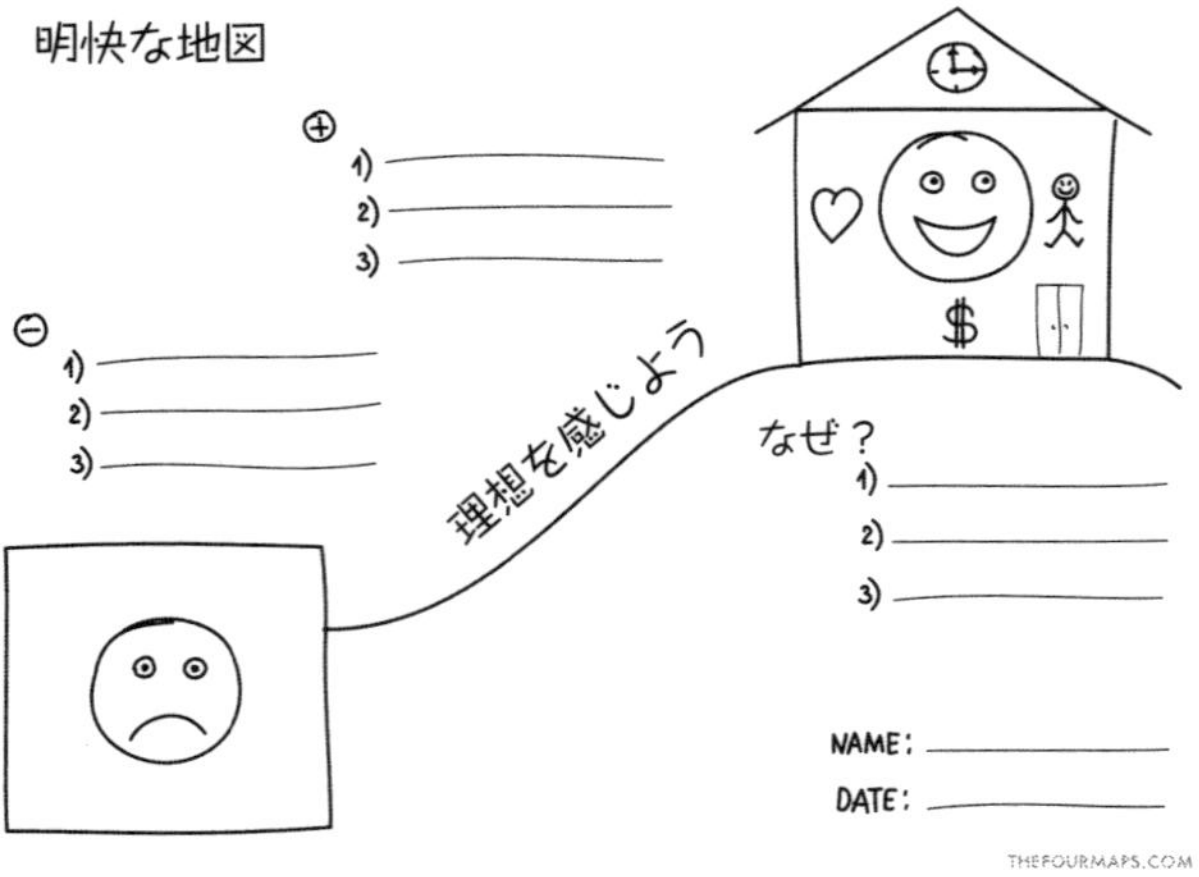

に下線を引いて、今日の日付とあなたのサインをしてください。

このコミットをする前に、少し立ち止まってみましょう。

深呼吸してみてください。

毎日コミットすることの準備はできていますか？　あなたは本当に理想のライフスタイルを手に入れたいですか？

覚えておいてください。時間はあっという間に過ぎます。

あなたが理想のライフスタイルに向かって行動するか、しないかのどちらかです。

もし、あなたがコミットする準備ができて

いるなら、サインして前に進みましょう。

コミット後の注意点

おめでとう！

あなたは自分自身に、行動することをコミットしたのです。

あなたは、自分がやりたいことが何か、なぜやりたいのかがわかったのです。

そこで最も重要なことは、自分で自分をコントロールすることです。

怖れから生じるものではなく、夢から生じる決断をコミットしましょう。

もし、あなたが理想のライフスタイルを手に入れたいのなら、あなたは理想を感じる必要があります。理想を視覚化しなければなりません。そして、できるだけ多くの理想を感じ続けることです。

最初は長い時間を要するかもしれません。

でも、だんだん簡単にできるようになります。私は毎日5分集中して「明快な地図」を描くことができています。明快になることは気分がとてもいいですよ。

あなたを「行動する人」にする裏ワザ

もしこのレッスンをさらに深めたいのなら、この原理原則を誰かに教えることを強くおすすめします。ほとんどの人は、行動すること、実践することに躊躇して始めることをしません。そして、失敗や拒否されることを怖れて、フリーズしてしまうのです。

6歳の子供に説明できなければ、
理解したとは言えない。

——アルバルト・アインシュタイン（理論物理学者）

私はあなたに、「ただの一般人」になってほしくないのです。

この本は実践する本なので、この「4つの地図」をアウトプットして、誰かにシェアしてください。あなたが学んだことをすぐ誰かに教えたら、簡単にそれをマスターすることができます。

24時間以内に誰か1人探しましょう。そして、その人に「明快な地図」を描く方法を教えてあげてください。完璧に教えなくてもいいのです。むしろ、シンプルに教えたほうがいいのです。

「明快な地図」が完成した後に、教えることをしてほしいのです。

なぜなら、**教えることは、あなたをより成長させてくれる最短の道**なのです。

また、あなたが教えているとき、先生の目線でプロセスを見ることができます。それがあなたを活性化して、「行動する人」にしてくれます。

ですから、いったんここでこの本を読むのを止めて、誰かを見つけて教えましょう。

もし、誰も見つからなかったら、1枚の紙を用意して、自分自身に教えてあげてください。

地図

1

「明快な地図」のまとめ

それぞれの地図の終わりに、「４つの地図」のイラストを描くポイントを簡単に紹介します。

ここでは、地図１「明快な地図」について、何が必要なのかをまとめました。

①あなたのビフォー・アフターを、悲しい顔と笑顔で描きます。笑顔は、夢の家の中に描きます。そして、あなたの理想のライフスタイルを表すシンボルマークを夢の家のまわりに描きます。

②あなたがやりたいこと（＋）を３つ書きます。

③あなたがやりたくないこと（－）を３つ書きます。

④あなたが理想のライフスタイルを手に入れた理由を３つ書きます。

⑤あなたが理想のライフスタイルで暮らしているとき、どんな生活をしているかを、五感を使って、鮮明に視覚化してみましょう。

⑥あなたの努力で、愛する人々が恩恵を得ていると、またあなた自身も得をしていると、五感を使って鮮明に視覚化（強くイメージして、すでに実現しているかのように体で感じること）してみます。

⑦24時間以内に、あなたの理想のライフスタイルへと進むこと（行動すること）にコミットして、あなたのサインと日付を書きます。

地図2
予想の地図

不屈の精神をどう構築するか

2つ目の**「予想の地図」は、あなた自身の心構えをつくる地図**です。正しいマインドセットと一緒に、日々のあなたの生活にアプローチをしていくものです。

これは、あなたがこれからチャレンジするものに対する心の準備になります。チャレンジだけではなく、すばらしいチャンスにも巡り合うでしょう。

「予想の地図」は、そのチャンスに対して感謝ができ、より受け取れる人になるようにデザインされています。

ほとんどの人は、挑戦することをあきらめてしまいます。

この地図を描けば、自分自身の未来について計画したとき、あなたは自信に満ちあふれ、これからいいことが起こると感じることができるはずです。

この地図の鍵は、毎日をポジティブに、そして人生に対して現実的に（それでいて楽観的に）アプローチをすることです。

あなたは、あなたの人生のヒーローであり、一人ぼっちではない

あなたは、**「ヒーローズ・ジャーニー」**という言葉を耳にしたことがありますか？

ジョーゼフ・キャンベル博士のことは馴染みがないと思いますが、彼は、ヒーローズ・ジャーニーを広めた人です。

あなたは、今までにおとぎ話を読んだことがあるでしょう。

勇者が不可能に見えることに勝利するようにストーリーができています。勇者がドラゴンを退治します。2つの王国の戦争を止めたりします。

ヒーローは、とても勝てないようなものに直面します。そこにはたくさんの障害物があるのです。

実世界の成功も、同じようなものです。

どんなおとぎ話でも、おもしろいことが起きるのです。

ヒーローは、勝てないような相手に直面するとき、緊迫した状態で相手を倒します。

チャンピオンが、必ずヒーローを助けるのです。

チャンピオンとは、ピンチになったときに助けてくれる人やもの、チャンスだったりします。また、相手を倒すための必要なアドバイスをもらうことだったりします。

ヒーローのケガを治してくれる人や機会もチャンピオンなのです。

理想のライフスタイルまでの長旅は、私たちは一人ではありません。もちろん、そこにはチャレンジもたくさんあります。

しかし、すべてのステップで、チャンピオンが私たちを助けてくれるのです。

私たちは、目の前で火を噴いているドラゴンが現れたときのように、体中が震え上がるような困難に直面することもあります。そのとき、私たちのそばにいるチャンピオンの存在を完全に忘れているのです。

知恵は、結果を予想することで生じる。

――ノーマン・カズンズ（アメリカの作家・ジャーナリスト）

現実的な楽観主義者になれる「予想の地図」の描き方

2つ目の地図「予想の地図」では、**私たちのチャンピオンを視覚化**します。それと同時に、チャレンジに対しても、先手を打つことができるようになっています。

たとえ、たくさんの障害物があっても、必ず助けとなるものが来ると、信じられる人になってほしいのです。そして、あなたに希望に満ちあふれ、物事がわかる人になってほしいのです。

悲観主義者になってはいけません。**現実的な楽観主義者**になってください。そうすると、必ず幸せな成功者になれます。

それでは、あなたの「予想の地図」を描いてみましょう。

もう一度、紙とペンを用意してください。もしくは、あなたの好きなデジタル端末でもＯＫです。

この最初のパートは、もうわかっていますね。紙の左上に、「予想の地図」と書いてください。

そして、制限されたオリの中に悲しい顔を描いてください。また、理想のライフスタイルを表すシンボルマークを夢の家のまわりに描き、その家の中に笑顔を描いてください。

そして、この2つを結ぶ曲線を描いてください。

これが、あなたのヒーローズ・ジャーニーです。

山頂へ続く曲線に沿って、今度は**「信頼と準備」**と書いてほしいのです。

この信頼と準備が、予想の地図の主要テーマです。

あなたの地図は、次ページのイラストのようになっているはずです。

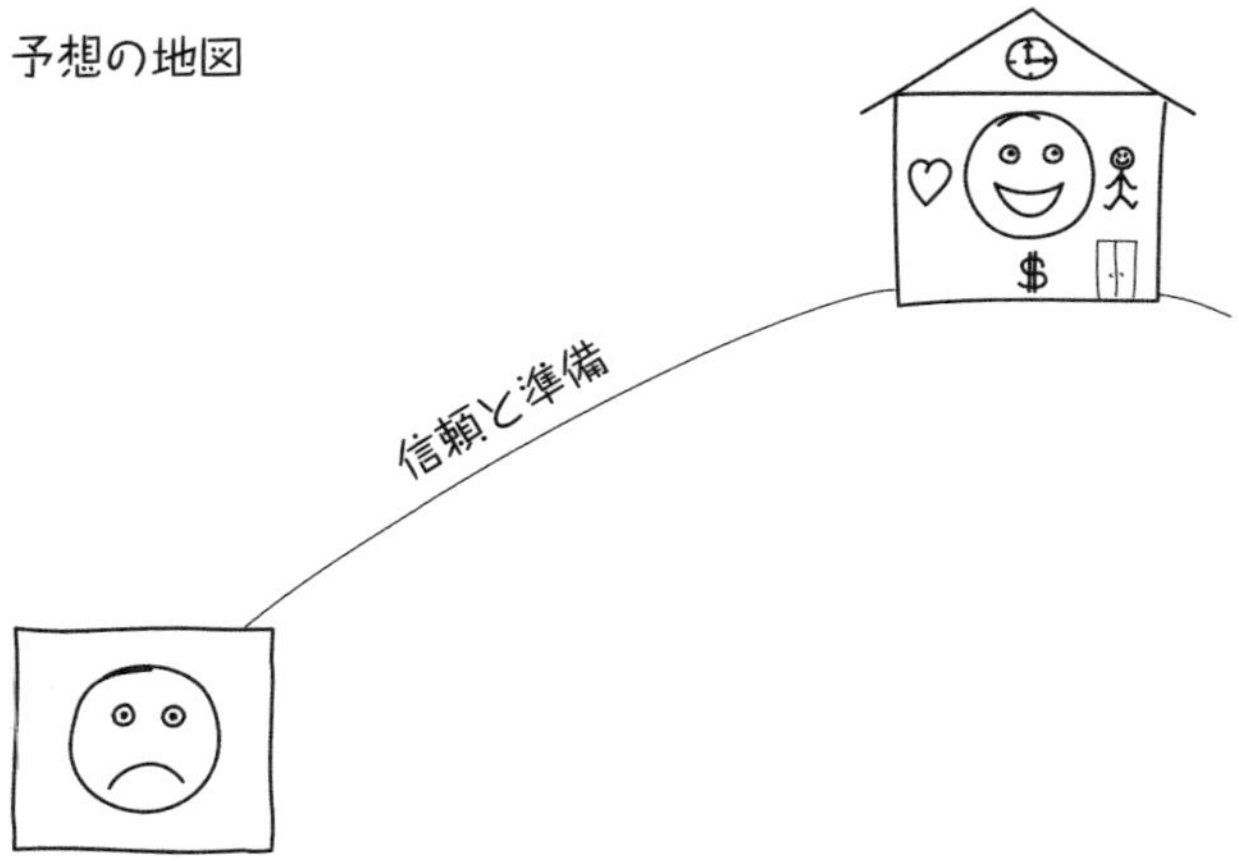

あなたのヒーローズ・ジャーニーの中身

もし理想のライフスタイルまでの長旅が、山頂まで散歩するような、なだらかな曲線だとしたら、いいとは言えません。

山道の途中でレモネードを飲んで、少し休憩する？

残念ながら、現実はそんな甘いものではありません。もっと厳しい道のりです。

山頂までの道のりは、たくさんの障害物があります。

あなたのヒーローズ・ジャーニーには、

あなたが想定していたよりも、また望んでいたよりも、険しく長いのです。あなたが山頂まで登る道のりは、考えている以上に、お金も時間も代償もかかるでしょう。私は甘い言葉だけを言ったりはしません。成功とは厳しいものです。しかし、困難を乗り越えられないと言っているのではありません。

塔を築くとき、
完成までに十分な費用を
計算しない人がいるだろうか？

――『ルカによる福音書』14章28－30

困難を乗り越えるには、あなたの行動の裏にある強力な理由が必要です。すなわち、私たちが「明快な地図」で時間を費やして、理由を明確にしたのは、そういうことなのです。

あなたに強力な「やる気エンジン」があれば、障害物があっても減速してしまうことは、ほぼないでしょう。

障害物に対して事前準備する——「期待のマネジメント」

成功とは、あなたが準備をしてチャレンジを実現することです。

チャレンジするものを準備したとき、マジックが起こるのです。そのチャレンジが、あなたの不安や自信のなさを解消してくれます。また、落胆や不安も取り除きます。

あなたの理想のライフスタイルへ向かう途中には、悩みはつきものです。

あなたが幼い頃、クローゼットの中にお化けがいるのではないかと不安になり、怖くありませんでしたか？

暗闇が怖くなかったですか？

もしそうだったら、電気をつけたとき、何が起こりましたか？

それはたいした問題ではなかったですよね？

私たちが直面するすべてのチャレンジは、このようなタイプのものなのです。

ですから、**チャレンジに対して準備をするべき**です。

ここに、「障害物に対してあらかじめ準備をする」という神経科学の強力なコンセプトが盛り込まれています。また、何世紀も受け継がれているスピリチュアルで、伝統的な考え方も含まれています。

それは、**「期待のマネジメント」**とも言われています。

私たちが、すべての起こり得ることに対して準備をしておけば、落胆したり、驚いたりすることは決してないのです。

あなたの長旅に立ちはだかる5つの障害物

「予想の地図」の終わりに、日々のチャレンジするものに名前をつけてください。

その過程に行く前に、あなたが直面するかもしれないチャレンジのタイプをお伝えしておきます。

チャレンジするものを「予想の地図」に描きましょう。

私は、**人生で最も大きなチャレンジをするとき、5つの障害物がある**ことを発見しました。1つずつ見ていきましょう。

①目まぐるしさ

あなたが日の出とともに起きて、日が沈むまでの長い時間を走り続けているとしたら、やることが多すぎて、本当にするべきことをする時間がほとんどないですよね。

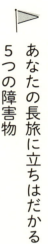

それが人生というものです。年中無休の状態です。

制限された私たちの「悲しい顔」のオリから抜け出すのは、とても大変なことです。なぜなら、私たちは、日々の目まぐるしい仕事や責任にプレッシャーを感じているからです。

私のメンターのスティーブン・R・コヴィー氏は、これを**「緊急VS重要」**と呼んでいます。

緊急なことのたとえとして、洗濯やメールの返信は、毎日あなたの目の前に現れます。そして、あなたは、悲鳴をあげながら、それらをこなします。

本当に大切なことからあなたを遠ざけています。日々の目まぐるしさの真っ只中にいて、重要なことに取り組める人がいるでしょうか……。

もし、あなたが重要なことに取り組みたいなら、何かをやめなければいけません。

日々の目まぐるしさの中にいても、あなたの時間をつくる必要があります。

日々のたくさんのやるべきことから、あなたの理想を選択しなければなりません。

それは、フォーカスすること、決断すること、エネルギーを注ぐこと、犠牲を払うことなのです。

もしあなたが、明日、豊かで実り多い収穫を手に入れたいならば、どんなにTO-DOリストがあろうと、たくさんの緊急なことがあろうと、あなたは今日、種をまく必要があります。

少しでも必要なことをする時間を見いだすために、日々の目まぐるしさと戦いましょう。

あなたの「予想の地図」に、**竜巻きを描いてください**。それは、日々の目まぐるしさを表しています。

次ページのイラストのように、あなたの悲しい顔に竜巻きを描いてみてください。

毎日、日々の緊急性に追われて、また目まぐるしさに長い間とらわれて、重要なことをしなかったら、あなたの理想のライフスタイルには到達しません。

さあ、あなたは、今チャレンジすることの必要性をわかっています。そのチャレン

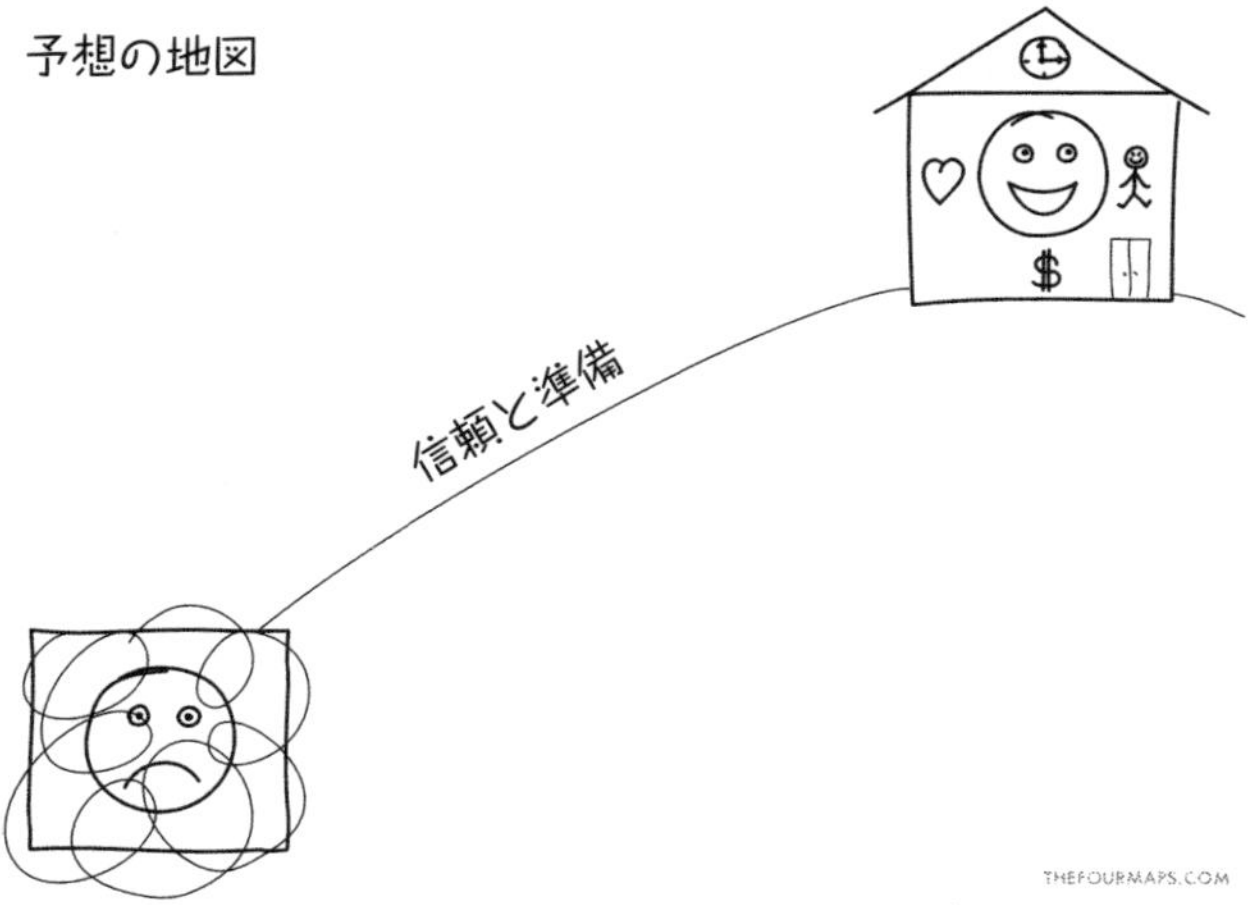

ジを書いて準備をしましょう。

②学習曲線

次は、山頂へと続く道、障害物がある山道を描きましょう。

理想のライフスタイルへの近道はありません。理想のライフスタイルへの道は、スイッチバックのように、進んでは戻る、ジグザグな山道なのです。

私があなたに描いてほしい線は少し違うので、今からお見せします。

次ページのイラストに描いた曲線が山頂までのルートです。

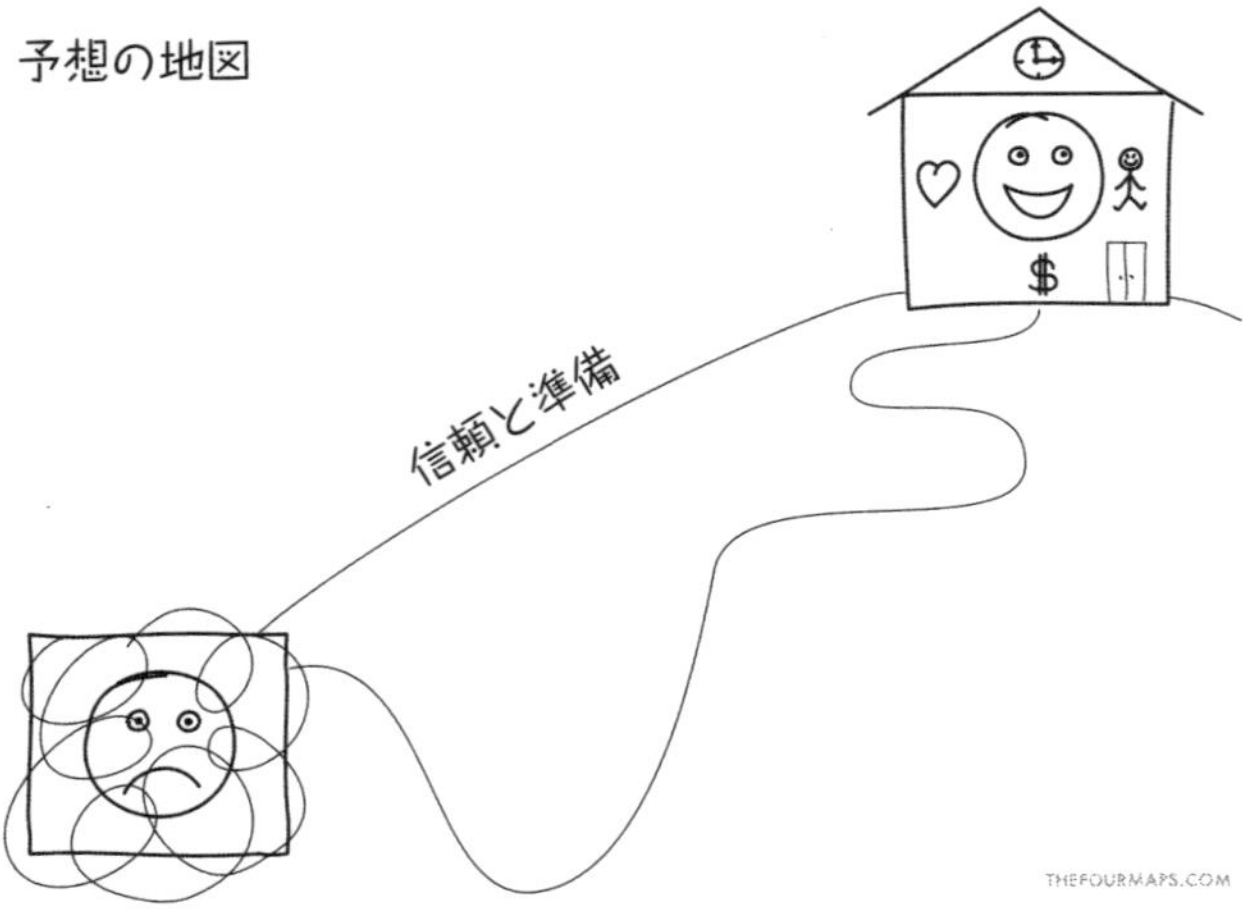

線を描いている、それぞれのカーブはチャレンジを表しています。山頂までの道のりの真ん中にくぼみを描き、ジグザグな道をいくつか描きましょう。

日々の目まぐるしさの中から、自分の道を見つけてください。

まず、重要なことからやります。制限されたオリを抜け出し、山を登りましょう。あなたがチャレンジするものは何ですか？チャレンジは、すぐそこにありますよ。

あなたが人生をより良くしたいとき、**新しいスキル**を学ぼうとしますよね。

たとえば、あなたが新しい分野でビジネスを立ち上げるとします。必ずあなたは行き詰まることがあるでしょう。

そのときが、新しいスキルを学ぶときです。これを**「学習曲線」**と言います。「予想の地図」では、最初のくぼみの曲線が「学習曲線」です。何かをマスターするまでの道のりで、練習をしていてもうまくいかず、たくさんの失敗をするでしょう。「学習曲線」は、何週間、何カ月、または何年も続くこともあるのです。

このゾーンを、あなたはうまく抜け出すことができますか？

もちろん、あなたが準備をしていたなら、うまく抜け出すことができます。

もし、あなたが「学習曲線」の途中であきらめたら、あなたはスタートする以前よりも退化するでしょう。

新しい人生をコミットしても、あまりにも険しいので、途中であきらめる人もいます。もし、あきらめたら、あなたの自尊心は傷つくでしょう。

しかし、本質的には、誰も失敗はしません。それは、単に怖れからきているのです。あなたは「学習曲線」と戦う必要があります。

我々は、
痛みなしでは学ぶことができない。

——アリストテレス（古代ギリシアの哲学者）

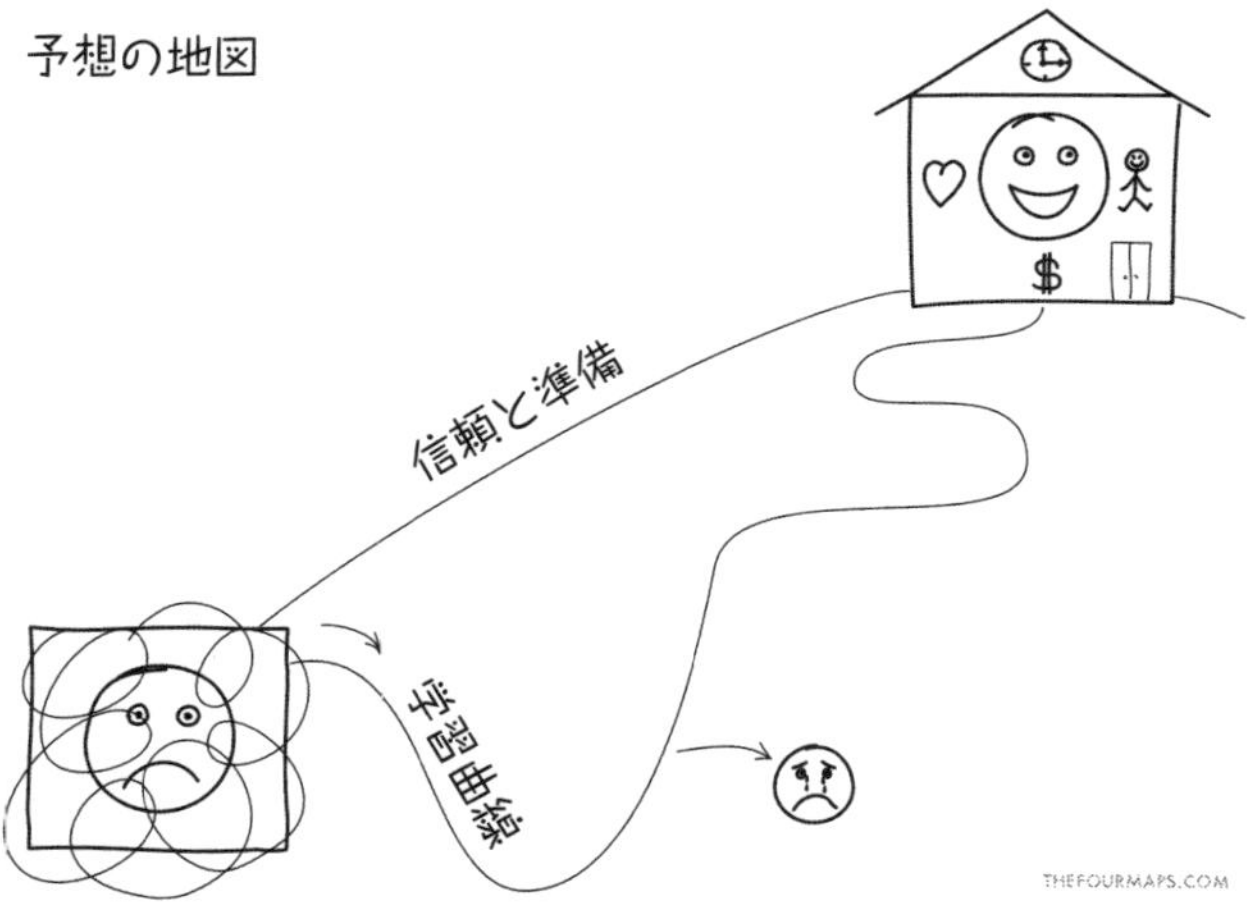

もしあなたがあきらめたら、何が起こるかを、「学習曲線」で描いてみましょう。

上のイラストのように、**悲しい顔をもう1つ、険しいカーブの横に描いてください。**

これは、途中であきらめて「学習曲線」からドロップアウトした人を表しています。

ここで、新しいスキルを学ぶための秘訣をお伝えします。

スキルを身につけることが、メインのゴールではありません。

実際、目的はもう明らかになっています。

スキルを身につけると決断した人は、コミットしたことを決して忘れたりしません。

スキルは、自然にあなたのコミットをサポートしてくれます。「学習曲線」の途上で最も大切なことは、あきらめずに最後までやり遂げることです。

一度体得した、「学習曲線」をたどれば、速いスピードで山頂まで登ることができます。

③誘惑

30年くらい前に、スタンフォード大学のウォルター・ミシェル教授が、4〜6歳児の500人を対象にした有名な実験を行ないました。

研究者たちは、この幼い子供たちを部屋の中に一人にしました。そのときに、マシュマロをテーブルに置きました。子供たちは今すぐマシュマロを食べることができます。

しかし、研究者たちが戻ってくるまでのほんの数分間待つだけで、マシュマロを2つ食べることができるという実験です。

子供たちは待つことができたと思いますか？

その結果は……。

3分の2の子供たちができませんでした。

研究者たちが戻ってきたときには、マシュマロはむさぼるように食べられていました。

3分の1の子供たちは、我慢することができたのでしょうか？

3分の1の子供たちが、マシュマロの誘惑に負けず、見事に成功を手にしたことがわかります。

しかし、ストーリーはここで終わりではありません。

研究者たちは、この子供たちを10年追い続け、1年ごとの彼らの進歩を研究してきたのです。

マシュマロの実験で勝利した意志の強い子供たちは、他の分野でも意志が強いことがわかりました。

そして、彼らは人間関係も良好で、健康で、タイムマネジメントもうまくできていることが確認されています。また成績も良く、仕事でもたくさんのお金を稼いでいたのです。

「何ですって？　すべてはマシュマロを食べなかったから？」

我慢強く待つことができると、いいことは必ず起きます。

それが真実なのです。

あなたは、強い意志を持って、報酬が2倍、3倍、4倍になるまで待てますか？

これが豊かになるエッセンスです。

未来に投資をすることによって、あとからいいものが手に入ってくるのです。

この世界は、マシュマロよりももっと大きな誘惑があります。

至るところに、マシュマロがあります。

ぜひあなたは、強い意志と勇気を持って、現代を過ごしていきましょう。気を散らすものであふれている時代です。それが、一日のうち幾度となく、あなたの決断を阻むのです。

あなたは強い意志を持っていますか？

次章でお伝えする地図3「儀式の地図」では、強い意志を構築することにフォーカスしています。

今は、あなたのヒーローズ・ジャーニーには、マシュマロのような誘惑があることを理解してほしいのです。

ですから、今から、「NO」と言えるように強い意志を持ちましょう。そうすると、あとからもっと甘いご褒美のスイーツが手に入ります。

では、地図を描くことに話を戻しましょう。

「学習曲線」の真ん中に、誘惑の象徴としてマシュマロを1つ描いてください。

そうすることで、あなたは思い出すでしょう。マシュマロのような誘惑にも準備することができるということを。

山頂までの道の至るところに誘惑があるので気をつけてください。

次のイラストが、マシュマロを描いた地図です。

予想の地図

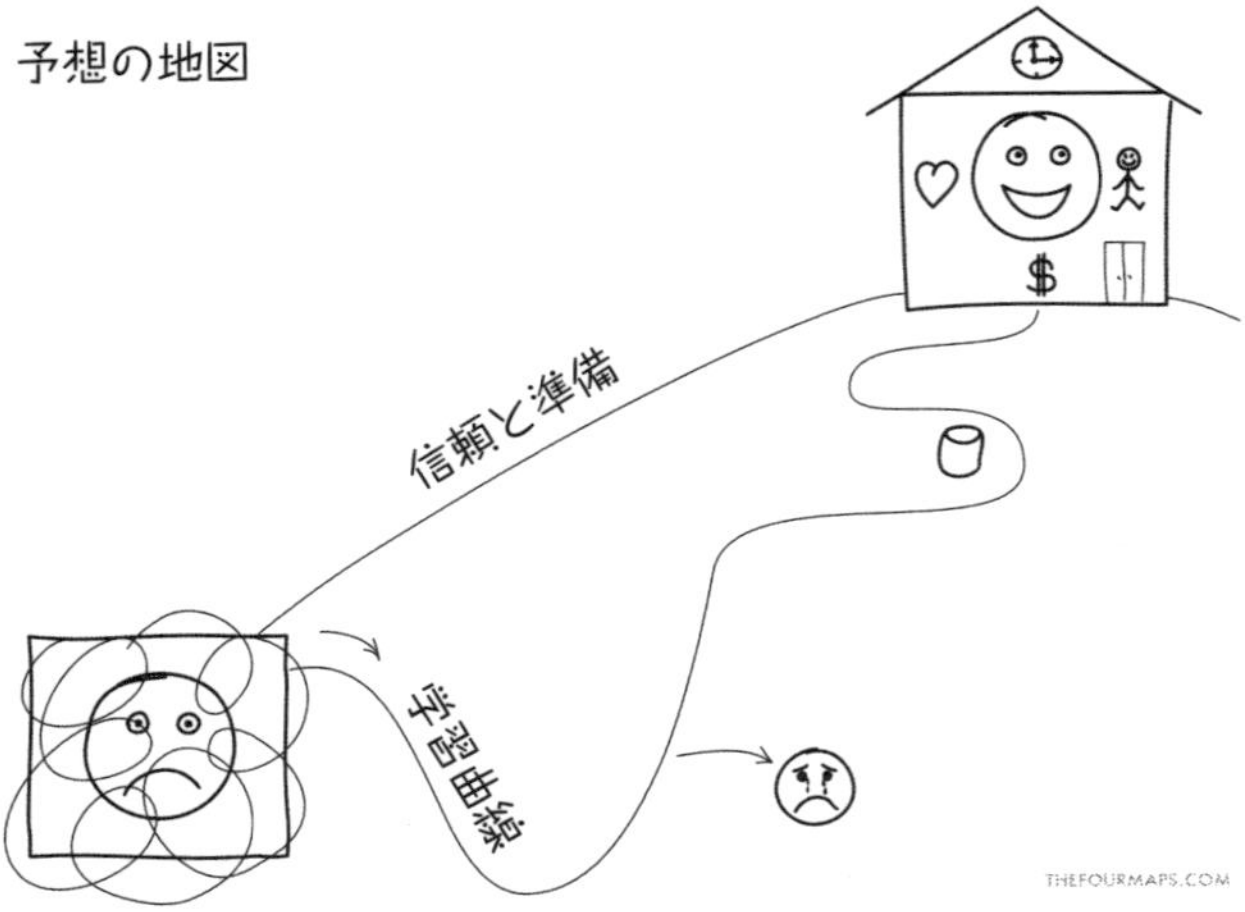

④絶壁

私が幼い頃、父がカナダのアルバータ州にあるウォータートン・レイク国立公園に連れていってくれました。

ある週末、私たちは300フィートの絶壁で有名な湖の1つ、リンハム・レイクにハイキングすることにしました。あえて危険を冒して、崖を越えてまで釣りをする人はほとんどいません。

しかし、それを乗り越えた釣り人には、最高の釣りが待っているのです。魚はとても大きく、飢えているので、今までに見たこともないくらい大量に釣れます。

私はその絶壁に挑戦したことを今でも誇りに思っています。それは、とても怖い経験でした。

しかし、その釣りは一生忘れられない楽しいものになりました。

それこそが、実はチャンスをつかむ道なのです。

最高のチャンスは、常に恐ろしい絶壁に隠れているのです。

現実の世界でも、絶壁は恐怖です。

たとえば、大勢の前で演説することや仕事を辞めること、もしくは開業することも恐怖です。

そして、この絶壁は非常に不便だと感じる場合もあります。たとえば、「異国の地で外国語を習得すること」や「住む場所を変えて新しいチャンスをつかむ」などです。

チャンスというものは、少なくとも私たちが、心の準備、行動する準備をしていると、現れるものです。

私たちが忙しすぎるとき、体調がすぐれないとき、不便を感じるときに、チャンスは姿を現します。

なぜ、最高のチャンスは、不都合で不可能に見える絶壁の隠れた場所にあるのでしょうか？

絶壁は、簡単に魚を釣ろうとする人を落ち込ませる存在なのです。誰でも釣りができる場所では、魚も小さく、あまりたくさんの魚は釣れません。絶壁の向こう側には、大きな魚が大量に釣れます。

誰も危険を冒してまで、釣りに行かないからです。

あなたは大きな魚を釣りたいですか？　決断のときです。

あなたの「予想の地図」に、山頂まであとひと息のところにジグザグな道を描き、そこに、**4本の線を垂直に引いてください**。

それが絶壁です。

ゴール目前で、あなたは恐怖と直面するかもしれません。ほとんどの人が、その絶

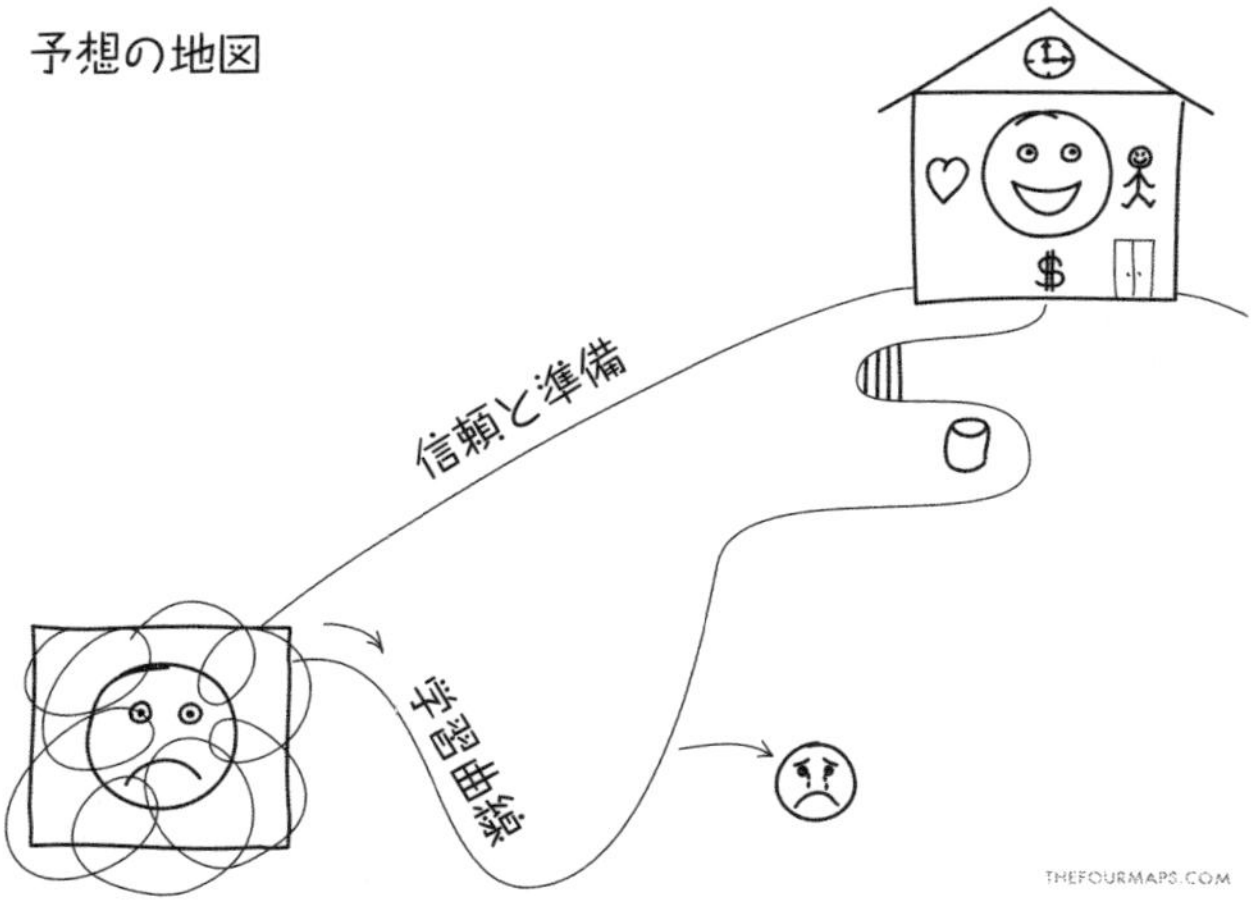

壁に恐怖を感じて戻ってしまうのです。

でも、「やりたいこと」を明確にし、「絶壁」を前もって準備をしておけば、あなたは戻ることはないのです。上のイラストは、あなたの「予想の地図」です。

⑤突然の嵐

あなたが新しいスキルをマスターし、山登りをしていると仮定しましょう。

あなたは誘惑のマシュマロを避けて、恐怖の絶壁も乗り越えました。あなたのヒーローズ・ジャーニーのゴールはもう目の前で、頂上はすぐそこにあります。

しかし、そのとき、何か悪いことが起こ

ることもあるのです。

病気になるかもしれません。交通事故に遭うかもしれません。もしかしたら、悪いことが1カ月以上も続くかもしれません。

そうすると、あなたのビジョンはだんだんとぼんやりしてきます。

「本当に理想の人生があるの？」「私は何を考えていたのかしら？」

私たちは、予期せぬ出来事にぶち当たります。

恐ろしいことが起こるかもしれません。もしくは、私たちの愛する人に起こるかもしれません。

それが**「突然の嵐」**なのです。

しかし、何が起こるかを正確に予期しなくても、私たちは、そこに突然の嵐があるだろうと想定して、準備することはできるのです。

嵐が来たとき、私たちに何ができるかを予想するわけです。ちょっとしたマインドのトリックです。

そのマインドのトリックが、大きな差を引き起こします。私たちは、予想できなくても、その予期せぬことにも実は準備することができます。

「ハーイ！　突然の嵐さん。あなたが来ることはわかっていましたよ。だから私は、自分の雨具を持ってきたの」

私たちは災害に遭ったとき、そう言えるのです。

突然の嵐は人生で必ずやって来るものです。時々、私たちは道を外れることもあります。しかし、**「明快な地図」と「予想の地図」を描いて準備をしていたら、早く軌道修正ができる**のです。

だとしても、明確さを失ったら、危険です。風で飛ばされ、道を大きく外して、何週間、何カ月、何年もの間、戻れないこともあるのです。

ビジョンを失い、人生までもが突風に吹き飛ばされます。ビジョンを持っていたとしても、突然の嵐に直面することもあります。明確さを失い、目標を見失います。そして、目的や方向性も失い、人生を通してさ迷います。突然の嵐に攻撃されるのです。

人生は常に、
頂上に近づくほど、困難が増してくる。
寒さは厳しく、責任は重くなる。

――フリードリヒ・ニーチェ（ドイツの哲学者）

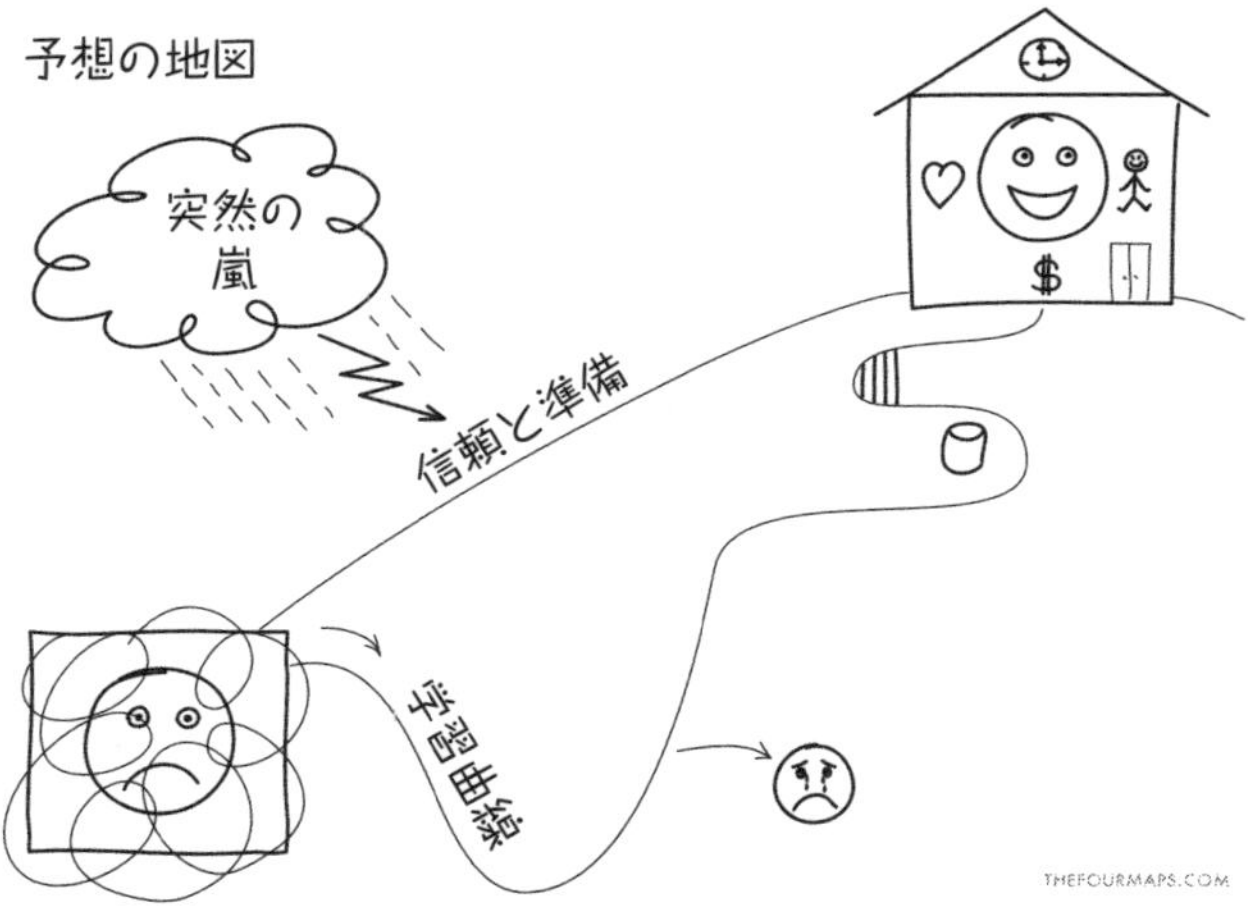

やりたいことを明確にすることは、突然の嵐が来ても、解決方法を与えてくれます。
あなたの「予想の地図」に、突然の嵐を描きましょう。

学習曲線の左上に雲を描いて、雷を描きましょう。

上のイラストのように、突如雷があなたの道のりに現れるのです。

あなたの「チャレンジ」を書く

「予想の地図」で、**マシュマロを描いた右**

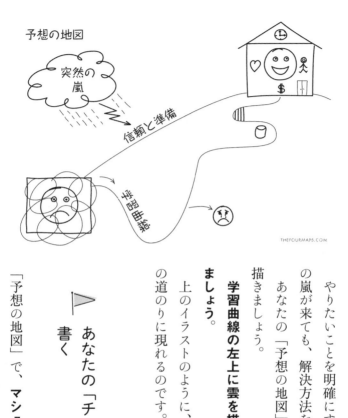

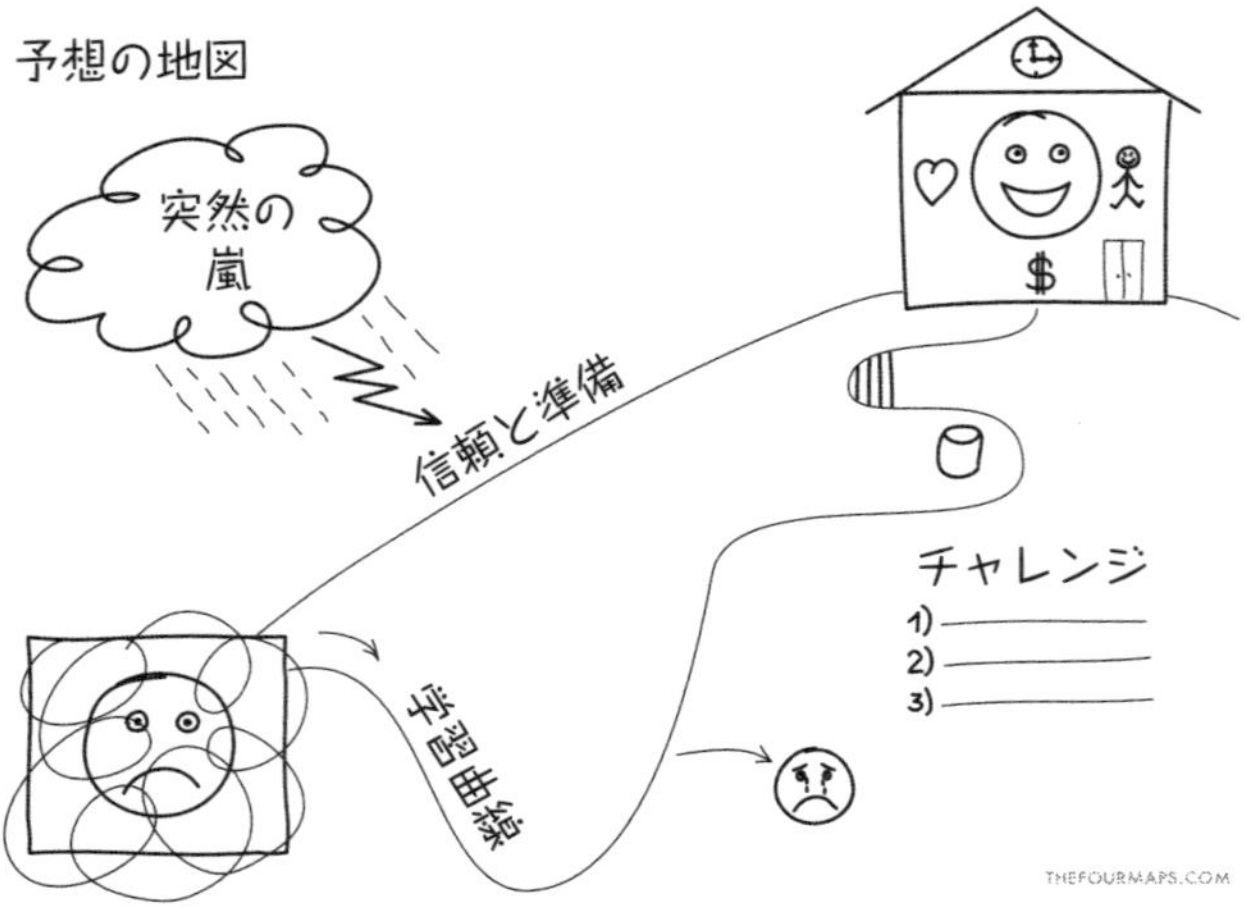

側に「チャレンジ」と書いてください。

上のイラストのように、**その下に3つ線を引いてください。**

そこにあなたがチャレンジすることを3つ書きましょう。

書いたら、そのチャレンジを乗り越えることができると、あなた自身でコミットしてください。

たとえば、ダイエットがしたいなら、あなたのチャレンジはお隣さんが持ってきたクッキーを断ることかもしれません。

新しいスキルを学ぶとしたら、あなたの今のチャレンジは大好きなネットサーフィンでの無駄な時間と日々の目まぐるしさを断つことです。
毎日チャレンジをすれば、少しずつ変化していきます。

チャレンジするものを書いたとき、そのチャレンジを視覚化してほしくないと私は思っています。

なぜなら、視覚化にはマイナスの効果もあるからです。マイナスの出来事が現実化してほしくないからです。

チャレンジを邪魔する障害物をイメージするのではなく、私はあなたに、チャレンジに対してどうリアクションするかを視覚化してほしいのです。

前もってチャレンジするものがわかれば、準備ができます。そうすれば、落ち込むことはありません。

あなたは「チャンピオン」を持っている

この長旅では、あなたは一人ではありません。

今回の「予想の地図」で私の好きなところは、**あなたのチャンピオンを視覚化する**ことです。

もし、トラブルが起こったときでも、チャンピオンは私たちを助けてくれます。

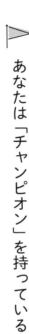

勇気のパワーは、
これからやってくる困難に対して、
思い切った決断を繰り返すことに
よって手に入る。

――マーティン・セリグマン（心理学者）

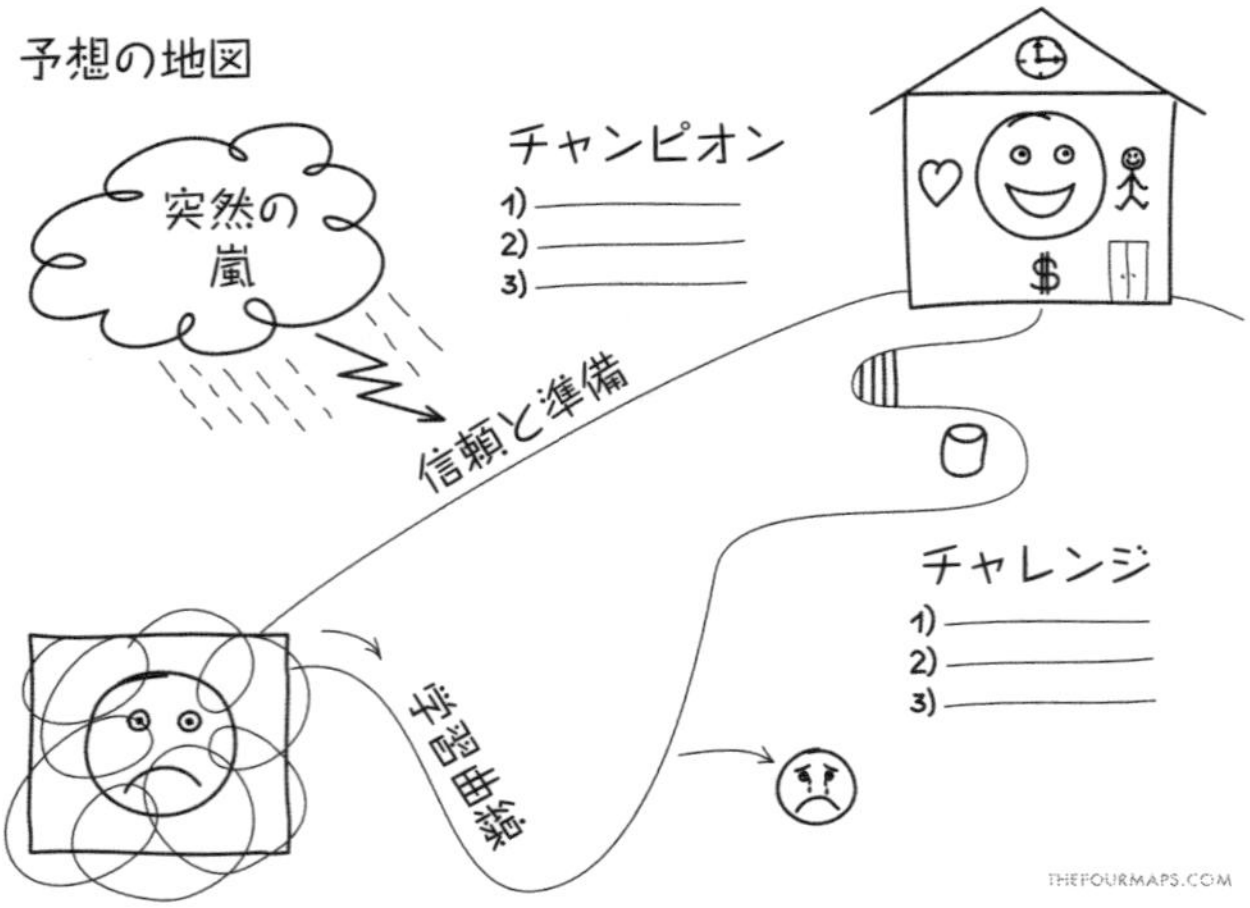

孤独な人でも、チャンピオンを持っています。

なぜなら**私たちのチャンピオンは、必ずしも人とは限りません。チャンピオンは、チャンスだったり、いい本だったり、幸運だったりします。**

いいことがやって来ることを、あなたは信じられますか？

上のイラストのように、あなたの「予想の地図」に、**突然の嵐の右側に「チャンピオン」と書いて、その下に線を3つ引いてください。**

次は、あなたの「予想の地図」でとても重要なパートです。

これは言わば、理想を感じる瞑想の時間です。

誰が、そして、何が今のあなたのチャンピオンなのかを深く考えてほしいのです。

あなたを引き上げてくれる人はいますか？

そしてチャンピオンがすでにあなたを助けているように、視覚化してほしいのです。

目を閉じてください。視覚化して、あなたのチャンピオンを3つ書いてみましょう。

そして、もう一歩進んでみましょう。しばらく休憩した後、あなたが書いたチャンピオンに深い感謝の念を感じてみてください。

チャンピオンは、人、イベント、贈り物、何でもOKです。

怖れを撃退する解毒剤

ここまで紹介してきた地図2「予想の地図」でやり残したのは、たった1つ。**この地図にサインをしてコミットする**ことです。

しかしその前に、もう少し感謝のパワーについてお話しさせてください。

現実でも想像上でも、あなたのチャンピオンに対して感謝をすることが「予想の地図」の重要なステップとなります。

日々の感謝は、私たちの人生の質を上げて、力強く即座に変容をもたらしてくれています。

私は自分の経験だけを基にしているのではありません。最新の神経科学や歴史的にも、感謝の力が奇跡を起こすと証明されています。

たとえ小さい感謝だとしても、それを実行することで、怖れから来るマインドセットが機能することはありません。

感謝は、怖れを撃退する解毒剤になります。

私たちは感謝の心を持たなかったら、悲観的で、他人や環境のせいにして、被害者意識に陥りやすいのです。

幸せな成功者が怖れからくるマインドセットに支配されているのを、私は見たことがありません。

成功者はたとえつらいことがあっても、そのつらいことにも感謝するのです。

成功者はいつも感謝にあふれているのです。

なぜ感謝を続けていると、変化が起こるのか？

私は、ある経験から「感謝のレッスン」を学びました。

2003年3月、暴風雨の夜に、私はサンディエゴの家に車で帰宅途中でした。私はハンドルのコントロールを失い、道路から外れてしまいました。急な坂のガードレールを越えて、大木に衝突してしまったのです。

その衝撃で車のフロントが大破し、エンジンは私のひざのところまできていました。バックミラーが割れて手首を損傷し、大腿四頭筋に亀裂が入り、脊柱にヒビが入ったのです。

私は人生の窮地に立たされましたが、なんとか車から脱出することができました。

なぜ脱出できたのか?

親切な方が警察を呼んでくれたからです。その方は、私の車が急な坂を下っていくのを見ていたのです。

私の事故は、たとえるなら突然の嵐でした。

その事故の後、私の命を救ってくれた人々(私のチャンピオン)、ドクター、輸血してくれた方、看護師、そして家族、私は本当に心から感謝の念を感じていました。その感謝が、暗いリハビリの日々から私を救ってくれました。

私は毎日、呼吸をするたびに、一日に何千回と「ありがとう、ありがとう、ありがとう、ありがとう」と自分自身に囁いていました。息をするたびに、心から感謝の念を感じました。

あれから何年も経っていますが、私は未だに涙を流して、静かに「ありがとう」と言っています。

しかし、興味深い出来事が事故の数年後に起こったのです。

私は自分の命を助けてくれた救世主に感謝を続けていたら、自分が起こした交通事故に対しても、深い感謝をするようになってきたのです。

少しクレイジーに聞こえるかもしれませんが、あの交通事故が私を以前よりもいい自分に変えてくれているのです。

私は自分に起こる出来事に、もっと注意を払えるようになりました。私はお金にフォーカスするのではなく、私がかかわるすべての人々に貢献すると決断したのです。私にそう決断させるために、あのような事故が起きたのだと信じています。事故に遭っていなかったら、この本もきっと書いていません。

感謝はとても強力で、怖れに勝利することができ、前向きになるように変化することもできるのです。

感謝し続けていると、試練が自分の味方になる

私たちは感謝のマインドセットを持っていれば、実際に恐れていることにも、前向きに考えることができるようになります。

なぜなら、**長い目で見て、チャレンジすることは私たちにとってプラスになる**からです。

「負けたからといって、死ぬことはない。しかし、そういう経験をすることで、もっと強くなれる」という格言は、真実を言っています。

「死にそうな経験をすると、もっとあなたを感謝深い人にする」

これも、また真実を語っています。

私はあなたに、チャレンジに対して感謝をするために「予想の地図」に時間を割い

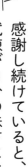

てほしいのです。

あなたがこれにコミットすれば、たとえ試練がやって来ても、その試練に感謝することができるようになります。

感謝を続ければ、あなたの試練は試練ではなく、あなたのチャンピオンになるのです。長い目で見れば試練に勝つとわかっているので、前向きに取り組むことができるのです。

ぜひ感謝の達人になりましょう。チャンピオンなしには、ヒーローズ・ジャーニーの人生を歩んだり、変化を起こすことはできません。

24時間以内にコミットする

あなたは今、ヒーローズ・ジャーニーの過程にいます。そこには、たくさんのチャレンジとチャンピオンが待っています。

あなたのチャレンジを書いて、「それらを乗り越える」とコミットしましょう。

深呼吸をしてみてください。どんな気分ですか？

チャレンジに直面する準備はできてますか？

ヒーローズ・ジャーニーの準備はできていますか？

覚えておいてください。あなたは今、理想のライフスタイルへと向かっているのです。

24時間以内にコミットをして、地図の右下にサインと日付を入れてください。

あなたの地図は次ページのイラストのようになっているでしょう。


おめでとうございます。あなたは明確なものを手に入れています。

自分がどこに向かっているかがわかっています。そして、あなたのチャレンジ、チャンピオンもわかっています。

あなたはもう行動する準備が整っています。あとは行動するだけです。

次章でご紹介する残り2つの地図は、あなたが行動できるようにデザインされています。ぜひ楽しみにしていてください。

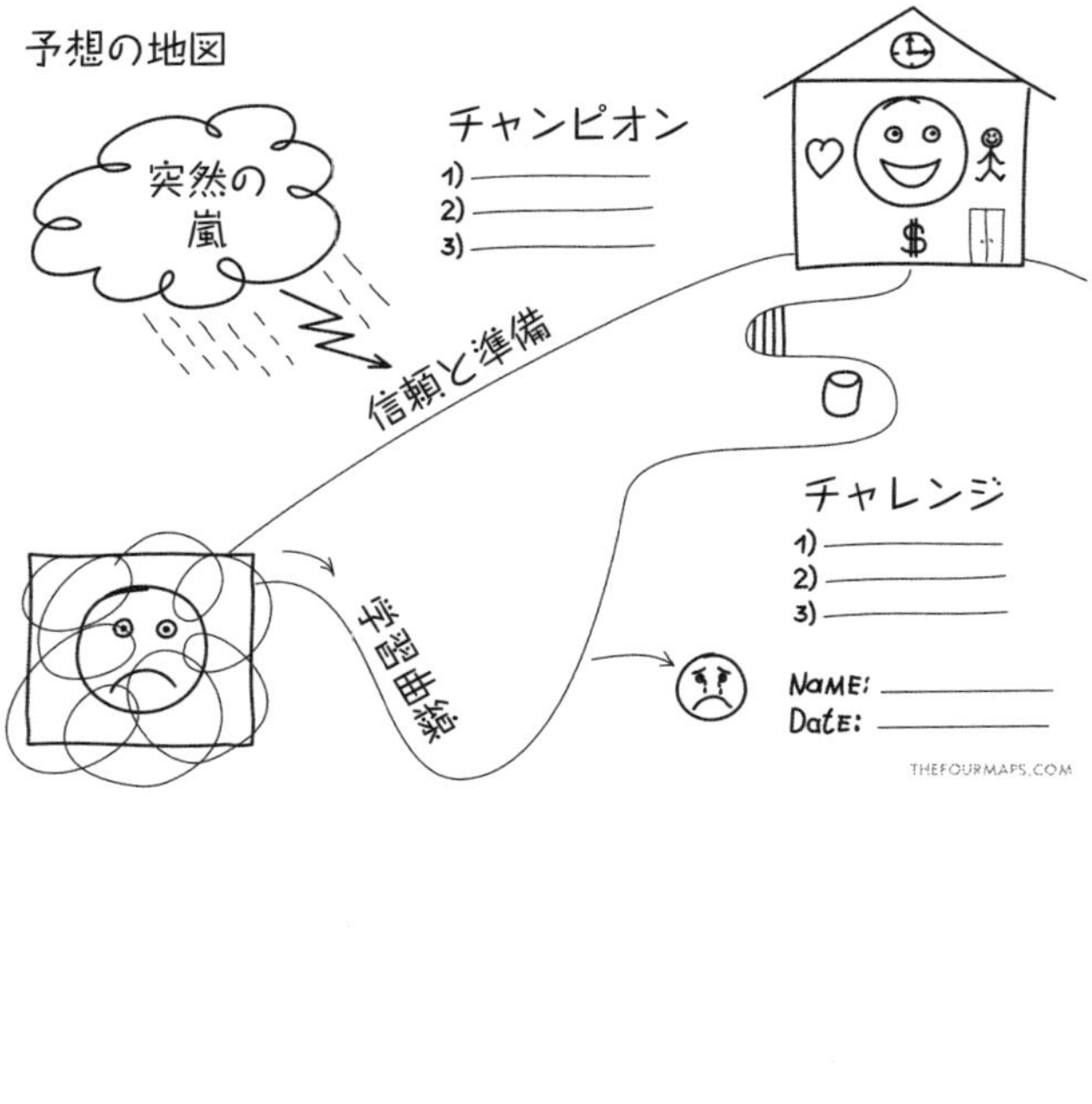
予想の地図
突然の
嵐
チャンピオン
1)
2)
3)
信頼と準備
チャレンジ
1)
2)
3)
学習曲線
$
NAME:
DATE:
THEFOURMAPS.COM

地　図
2
「予想の地図」のまとめ

「予想の地図」を描くときのポイントをまとめました。

①あなたのビフォー・アフターを、「悲しい顔」と「笑顔」で描きます。笑顔は、夢の家の中に描きます。そして、あなたの理想のライフスタイルを表すシンボルマークを夢の家のまわりに描きます。

②山頂までの道を描いてください。それはチャレンジが詰まった道です。

③今日からできるチャレンジを３つ書きます。

④五感を使って、これらのチャレンジを乗り越えたことを視覚化してみます。

⑤今の自分のチャンピオンを３つ書きます。

⑥チャンピオンが現れてあなたを助けていることを、五感を使って視覚化します。

⑦人生に深い感謝の念を感じる時間を取ってください。チャンピオンやチャレンジにも感謝をします。

⑧予想を立てて、障害物を乗り越える、チャンピオンがあなたを助けると信じて、これらを24時間以内にコミットします。そしてサインをして、あなたのコミットを証明します。

第3章

幸せをつかむ「行動」に導く2つの地図

地図3
儀式の地図

重要なことを毎日やり遂げる方法

今までマインドセットや心構え、モチベーションについて話をしてきました。

地図1「明快な地図」では、あなたの理想のライフスタイルにフォーカスして、正しい思考法について話をしてきました。

また、**地図2「予想の地図」**では、いいこともそうでないことも受け入れて、絶望することにも耐えられる心、そして、いかなるチャレンジをも可能にする心の準備について話をしてきました。

多くの自己啓発本はそこで終わるのがほとんどですが、この本は違います。

私は山頂にある、あなたの理想のライフスタイルに達するまで、どう登頂するか、そのために何が必要かを、詳しく丁寧にお伝えします。

あなたは今、正しいマインドを持っています。

今必要なことは、行動することです。あなたは正しくマインドセットされているので、あとは現実の世界で、重要なことをやり遂げることが必要です。

この章でお伝えする残りの2つの地図は、重要なことをどのようにやり遂げるかについてお伝えしていきます。

行動は2種類——「習慣」と「タスク」

私たちの生活のすべての行動は、2つのカテゴリーに分解することができます。

1つは、日々繰り返される行動、つまり**「習慣」**です。2つ目は、特定のプロジェクトに関連する**「タスク」**です。

私たちのすべての行動は、この「習慣」か「タスク」のどちらかなのです。

ここで行動が、どのように作用するか、身近な例を挙げてみます。

あなたが、きれいな真っ白い歯にあこがれているとしましょう。あなたの死ぬまでにやりたいことリストに、「きれいな真っ白い歯になる」と書いたとします。

そうすると、きれいな真っ白い歯を保つために、毎日あなたがしなければならない「習慣」が必要です。あなたは、歯間ブラシで歯を磨き、いいマウスウォッシュを使うでしょう。

しかし、真っ白い歯になるには、たとえ毎日それをしていても、不十分ですね。それと同時に、あなたは虫歯を治療する必要があります。そして虫歯を治療するために、歯医者に行きます。

それが「タスク」なのです。狙って行動を起こす〝ワンタイム〟アクションです。

歯を磨くというルーティンだけだと、あなたはきれいな真っ白い歯を見せて笑顔をつくることはできないですよね。

虫歯を治して、きれいな真っ白い歯になるまで、日々のルーティンと特定のタスクを組み合わせて行動することが大切です。

習慣と成功はリンクしている

幸せな成功をつかむことも、同じことです。

私たちの習慣は、すべての成功の基本となります。そして、特定のプロジェクトのタスクも、山頂にある私たちの理想のライフスタイルへと導きます。

今回ご紹介する**地図3「儀式の地図」**は強力で、個々人に合った成功への習慣を構築するためのものです。

この地図が描き終わるとき、あなたは**日々の儀式（ここでは特別な習慣）を構築することができる**でしょう。それと同時に、毎日する、繰り返し行なう行動がとても価値あるものだと深く理解するでしょう。

特別な習慣、つまり儀式は、神経科学において重要な要素を持っています。その研究はどんどん進んでおり、**「習慣と成功の間には相関性がある」**という研究発表もされています。

私の人生においても、何度も何度も習慣と成功が関係していることを経験してきました。あなたにもそれを体験してほしいのです。

では、なぜ習慣が強力で、自己成長とビジネスにも関連しているかを解説していきます。

「儀式の地図」を描く準備

「儀式の地図」は、すでにお伝えした2つの地図と同じようにスタートします。

白紙（またはデジタル端末）を用意して、左下に「悲しい顔」を、右上に「笑顔」を描きます。

そして、それぞれの顔の外に、オリと夢の家を描きましょう。

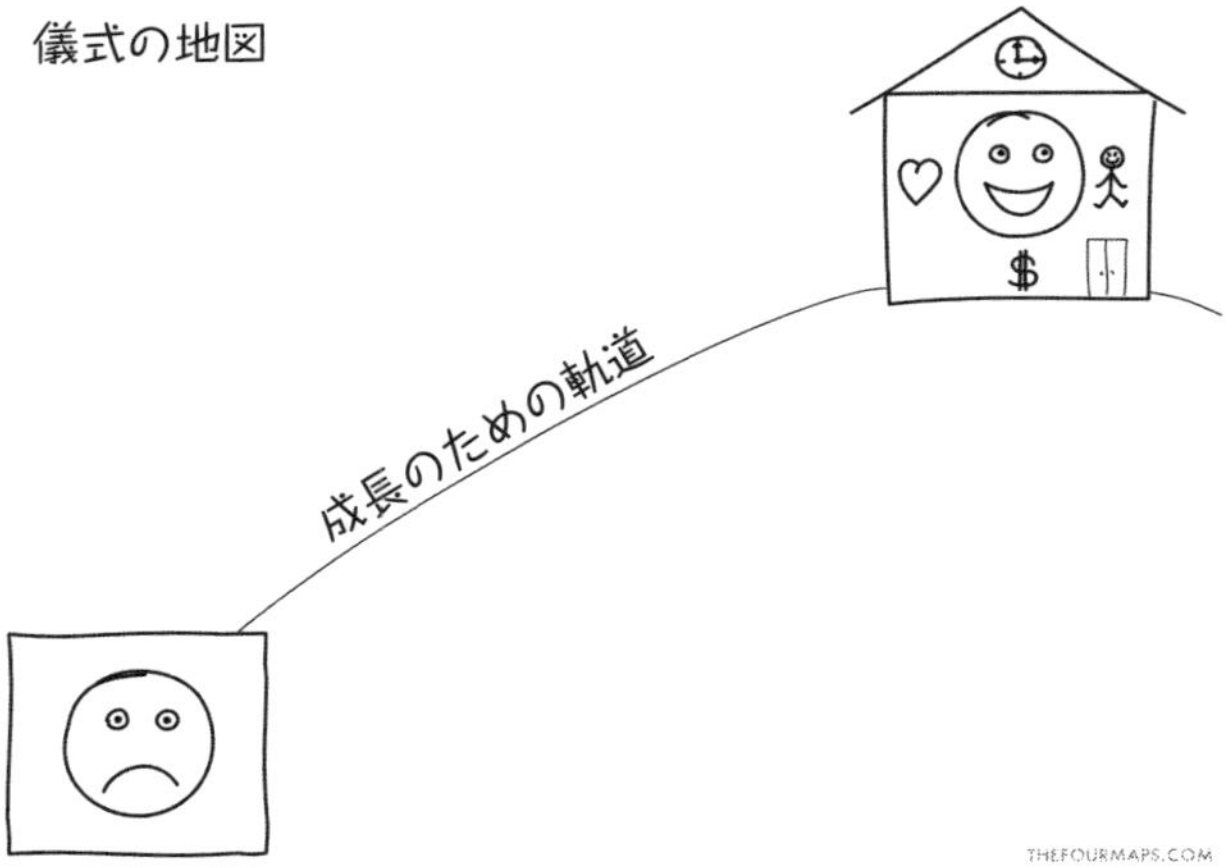

もう慣れましたか？　さあ続けましょう。

他の地図で描いたように、悲しい顔と笑顔を線で結び、山に続く道を描いてください。

上のイラストのように、描いた線の上に、**「成長のための軌道」**と書いてください。

これが、「儀式の地図」のテーマです。

そしてもう1つ、山頂にある笑顔の家に向けて線を描いてください。

一本の長い曲線です。次ページのイラストのように、最初はゆるやかな曲線で始まり、山頂まで一気に上昇する曲線です。

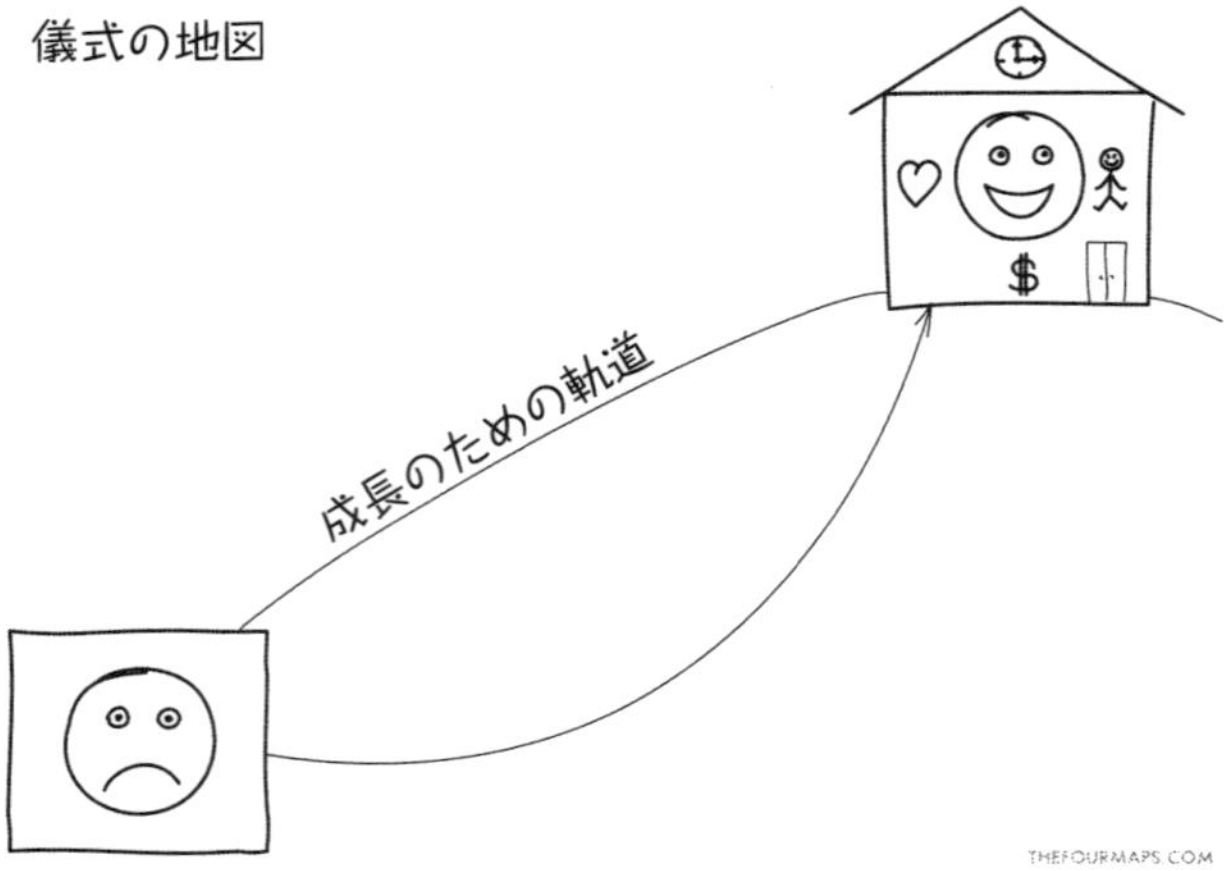

これは、**「複利の曲線」**です。

「たとえ小さいことでも、継続して何年もやり続けたら、ものすごい結果を生む」ということを、あなたにわかってほしいのです。

成功は、複利で増えていく

私の過去の経験から、少し金融の言葉を使って、複利成長の原理を説明します。それを理解すると、あなたは複利成長のすばらしさに気づくでしょう。

ところで、この複利成長がどう作用するか、あなたはその秘密を知っていますか？

あなたの両親が、あなたの生まれた日から66歳の誕生日までの積立預金を始めたと仮定します。

1日当たりたった1ドルを利率0％の一般の銀行に預金したとします。見積もると、一生涯で約2万4000ドルの貯蓄ができます。

1日1ドルを同じように、さまざまな利率で預金した場合を見てみましょう。

◎利率0％……約2万4000ドル
◎利率3％……約7万5000ドル
◎利率5％……約20万ドル
◎利率10％……約275万ドル
◎利率15％……約5000万ドル
◎利率20％……約10億ドル

複利を理解できましたか？

1日当たりたった1ドルを利率20%で投資すると、生涯で10億ドルになるのです。

しかし、高利率が複利成長の秘密ではありません。

次の公式を見てください。

普通預金の積み立て　×　利率　＝　指数関数的預金残高

「一貫した成長」という利子が、複利を生む

複利成長の秘密――。

それは、**「一貫性」**です。

もし、あなたが普通預金の積み立てをストップしたら、複利のパワーは急速に消えていきます。20%×ゼロはゼロですから。

「一貫性」という言葉は、魔法の言葉です。日々一貫した積立預金をして、毎日毎日、

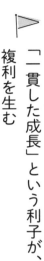

辛抱する木に金がなる。

——日本のことわざ

一歩前に踏み出すのです。

最初の成長曲線は、長くてスローに感じるでしょう。ほとんど目に見えません。しかし、最終的には、目に見えて増加するのです。**あなたが稼いだ利子（あなたの成長）は、利子を稼ぎ出します。**

あなたの「お金」が、あなたのためにお金を稼ぐのです。日々継続することで成長曲線は上向きになり、急激な成長を表す縦線に変化するのです。

ビジネス用語を使ってお話ししましたが、実はあなたの理想のライフスタイルへの旅についての話をしています。

あなたの習慣、儀式は、あなた自身に投資をする方法なのです。

ビジネスのすばらしい成長、スポーツの偉業、偉大な音楽パフォーマンス、どんなスキルを熟達させるにせよ、ビジネスや人生において、「一貫性」は成長の鍵となるのです。

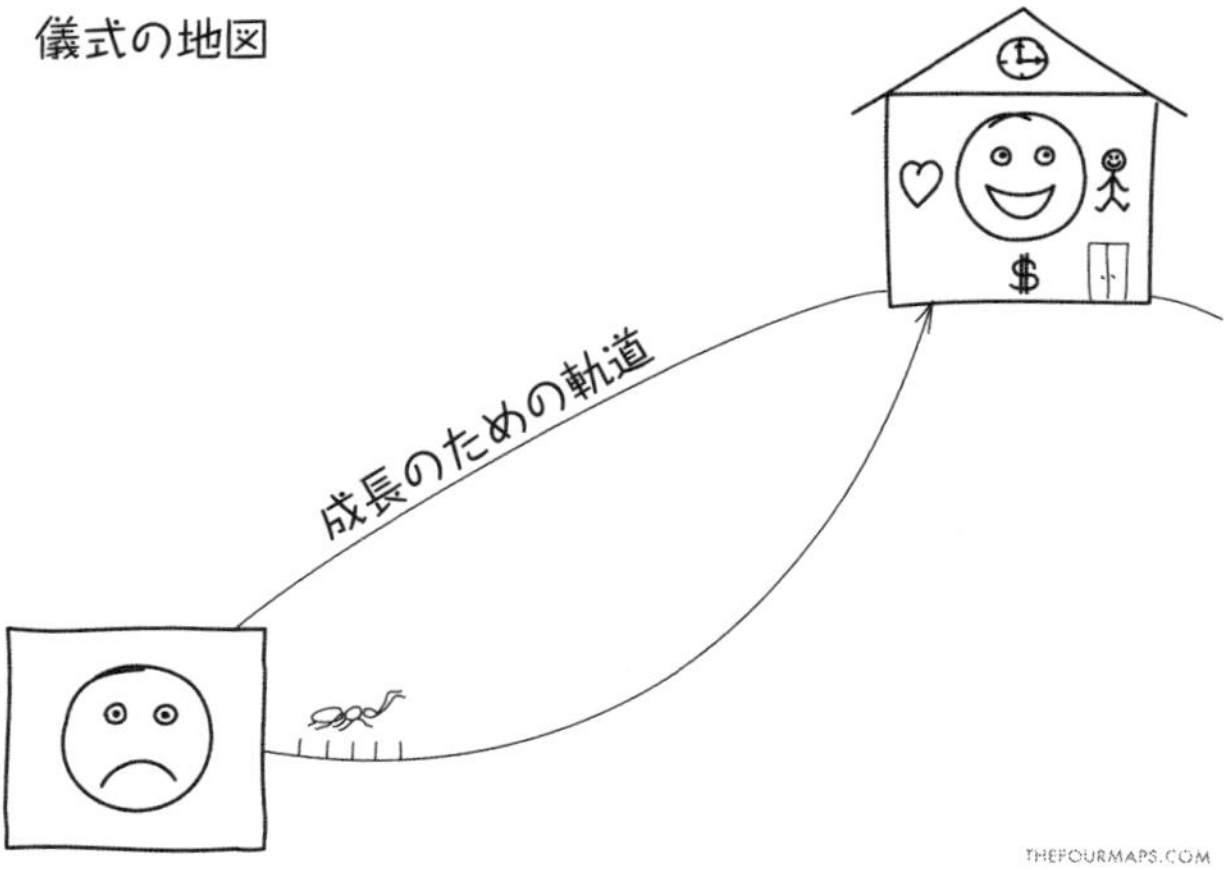

「アリとキリギリス」からのヒント

あなたが毎日、「儀式の地図」を描くことで、継続する力、日々の習慣のパワーに気づいてほしいのです。

「儀式の地図」に戻り、上のイラストのように、**上昇曲線のスタート地点のところに小さいアリを描いてください。**

このアリは、私のお気に入りの『イソップ物語』に出てくるものを描いています。「アリとキリギリス」です。あなたも知っていますよね？

「そこには、賢いアリがいました。冬を乗り越えるために、毎日、食べ物を蓄えていました。同じ森に、キリギリスもいました。しかし、キリギリスは浪費家で、将来のことは何も考えず、遊んで過ごしていました。冬がやって来ました。キリギリスは飢えに苦しみましたが、アリは繁栄を遂げたのです」

この物語は、とてもシンプルです。

しかし、日々の小さなことを一貫性を持ってやり遂げるパワーについて説いています。

小さな日々の繰り返しの行動は、成功へと導くパワーになるのです。アリと同じように、毎日、あなたの儀式に時間を費やすことを決断してください。

勝つための意志は、
それほど重要でない。
勝つための準備をするほうが
もっと重要だ。

——ヴィンス・ロンバルディ（アメフトのコーチ）

私の成功は、他のどんな資質よりも、
止まることのない
一つのことを続ける能力によって、
もたらされている。

——トーマス・エジソン（発明家）

ゴールを明確にし、先を見据えてチャレンジするときが来ました。そして、あなたの理想のライフスタイルへと動き出すときが来ましたよ。

まだ、あなたが地図を描き終えていないのなら、この複利の曲線のスタート地点に小さいアリを描きましょう。

「日々の小さな自己投資が、最終的に巨大な富になる」ことを忘れないためにも。

ただのアリとは違います。たったひと冬を乗り越えるために準備をするのではありません。この先もずっと蓄えておくアリです。

賢い「アリ」とコヴィー博士の共通点

では、すでに忙しい日々の中で、どうやって小さな「アリ」のように時間を生み出すのでしょうか?

賢い「アリ」は、どこで行動する意志を身につけたのでしょうか?

答えは簡単です。

賢い「アリ」は、**優先順位**を学んでいるのです。

私が今まで学んできた優先順位についての授業で最も深い理論は、スティーブン・R・コヴィー博士の有名な「大きな石」理論です。

1972年、私がブリガムヤング大学の学生だったとき、私はコヴィー博士の研究のアシスタントをしていました。

彼は、私の人生で最もインパクトを与えた偉大な先生でした。今でも覚えていますが、彼の授業は、世界的大ベストセラーになった『7つの習慣』のたくさんの教えでした。

彼は、私の人生のゴールを描くようにチャレンジさせた先生でした。私の人生のゴールの1つに、「本を書く」と書いたのです。まだ23歳の新米にもかかわらず、私は何か本を書きたいと思っていたのです。そのときは、私はどうやって本を書くかはわかっていませんでした。

でも、コヴィー博士は、私の人生を変えてくれました。彼は本当に優秀な教授でした。

ゴールを書く勧めがあったからこそ、ゆくゆく私は何とか本を書くことができたのです。そして、私は数年後に、『7つの習慣』が出版されるときに、マーケティング戦略を手伝うことができ、心の底から大満足する経験をしたのです。

「大きな石」理論の最大ポイント

あなたは、「大きな石」理論を聞いたことがあるかもしれません。スティーブン・R・コヴィー博士の本『最優先事項を優先する』はかなりおすすめです。

このストーリーは、ある教授と学生のグループの話から始まります。教授は抜き打ちテストと題して、1ガロンの水と広口のビンを持ってきて、テーブルの上にセットしました。

次に教授は、3つの大きな石を持ってきて、その石をビンの中に入れました。

ここでのポイントは、「このビンの中はいっぱいに見える」。つまり、「もうこれ以上、石を中に入れることはできない」ということです。

教授は学生に質問しました。

「このビンはいっぱいですか？」

学生全員が「はい」と言いました。

目をきらきら輝かせた教授は、今度は砂利が入った袋を取り出してそのビンの中に入れ、かき混ぜました。

「今、このビンはいっぱいですか？」

教授は再び質問しました。

学生たちは「いいえ」と答えました。

教授は、さらにコップ１杯の水を加え、そしてビンをあふれんばかりに石と砂利でいっぱいにしました。

「今ビンの中はいっぱいです」と学生に伝えました。

そして、「実はこのビンは、日常の生活を表しているよ」と説明しました。

教授はみんなに、この話の意味を考えるように言いました。

さあ、この話のポイントは何でしょうか?

ある学生が言いました。

「どんなに日々忙しくても、もっと自分の仕事ができます」と。

教授は言いました。「いいえ」と。

そしてこう続けました。

「実はもっと簡単なことですよ。もし、最初に大きな石をビンに入れずに砂利と水をビンに入れると、大きな石は永遠に入らないですよ」


あなたの人生で大きな石、つまり、最優先事項は何ですか?

あなたは最初に人生に大きな石を入れていますか?

もしかしたら、日々の目まぐるしい出来事に、気を散らされていませんか?

そのため、本当に重要なことをするエネルギーがないのではないですか?


ここで、「儀式の地図」に戻りましょう。

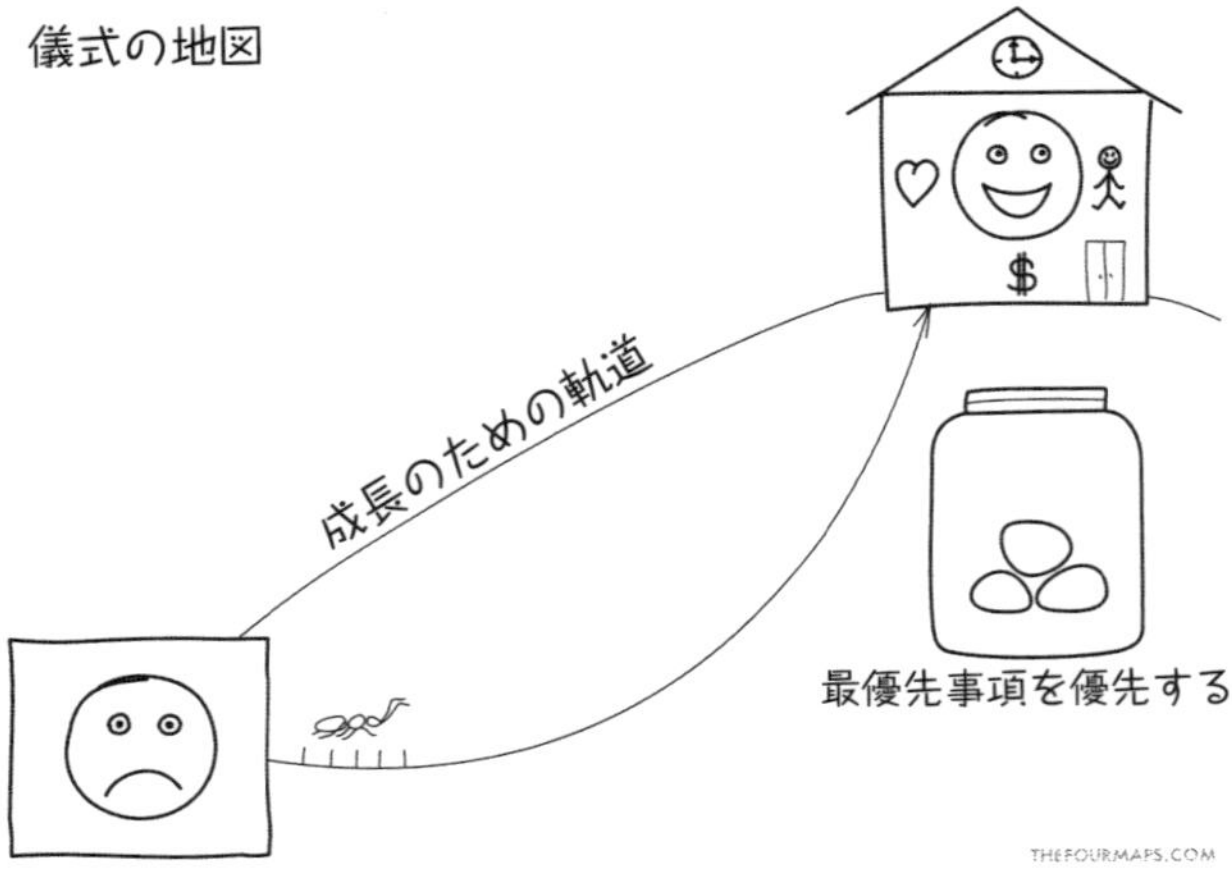

ペンを持って、**紙の右下に広口のビンを描いてください。**完璧に描かなくても大丈夫です。あなたがベストだと思う、空っぽのビンを描くだけです。

そして、**数個の大きな楕円をビンの中に描いてください。**

それがビンの中にある大きな石です。**ビンの真下に、「最優先事項を優先する」と書きましょう。**上のイラストのように。

人生における優先順位に気づいたとき

私が若い頃は、日々行なう特定の行動パ

ターンがほとんどありませんでした。私は毎日起きて、ただ教えること、本を書くこと、起業家精神の情熱だけを追っていました。

2003年の交通事故で昏睡状態から回復したとき、人々が常に話をしていた「アハ！」、つまり「今までなかったような気づき」に気づいたのです。

私は大きな石の話を思い出したのです。

私は今までの人生で、大きな石を最初にビンに入れていませんでした。

もし神様が本当に私にとって大切な存在だったら、日々の生活で最初に大きな石である祈りの時間をビンに入れるべきでした。もし私の健康が本当に大切だったら、運動をして、栄養のあるものを毎日のスケジュールに取り入れるべきでした。もし結婚生活が私にとって大切だったら、毎日の生活を大切にするべきだと思ったのです。

交通事故の後、意識が戻ってきたとき、私はやっと気づいたのです。

今までの人生で、私は優先事項をまったく行なっていませんでした。私は最初に砂と砂利を入れていたのです。

私は大きく変わりました。**人生で一番大切なことを最初にやるべき**だったのです。

つまり、大きな石を最初に入れるべきでした。

そして、私は自分自身のことを考えました。

もし大きな石を生活習慣に取り入れたとしたら、どう変わっていただろうか？

もし私が毎日、同じことを同じ順番で、つまり、大きな石を最初に取り入れていたら、どうなっていただろうか？

私は偉大な成功者が日々の儀式を持っていることを発見したのです。

彼らの儀式は多岐にわたっていますが、日々のルーティン、習慣、食生活が一貫しているのです。

リッチで豊かになる一番の儀式「リッチ・アル」の誕生

交通事故後の療養中に、私は自分の大切な習慣をもう一度、セットし直しました。

そして、私は自分の儀式（リチュアル）をこう名づけました。

「リッチ・アル」（RICH-UAL）

ふざけた命名かもしれませんが、その命名どおり人生のすべての領域で、リッチで豊かになる一番の方法は、自分自身に反復して、日々一貫した習慣をやり続けることです。

あなたなら、自分の儀式（リチュアル）に何という名前をつけますか？

私の友達で、ベストセラー作家のジャック・キャンフィールド（世界的ベストセラー『こころのチキンスープ』著者）は、自分の儀式を「パワーの時間」と名づけています。

彼は毎日まず20分瞑想をしています。そして20分運動をしています。脳のトレーニングを20分以上もやっています。彼の儀式です。

私は近年、自分自身が飛躍していると感じます。

私の友達で、ベストセラー作家のディーパック・チョプラ博士は、心の習慣を持っています。

彼は午前3時に起きて、2時間瞑想をしています。

あなたも朝の時間の習慣について考えてみましょう。

イギリスの小説家、チャールズ・ディケンズは、朝の習慣と午後の習慣を持っていました。彼は7時ちょうどに起きて、8時に朝食を食べ、9時から執筆活動をしていました。彼の午後の習慣は、家族と一緒にランチを食べて、田舎の道を3時間も散歩していたのです。

このように、成功者は、雨の日も風の日も、日々の儀式を持っていて、必ずやり遂げるのです。

自分オリジナルの「儀式」をつくる

あなたの儀式は、必ずしも時間に厳密に行なわなくてもOKです。30分という短い時間でもいいですし、ディケンズのような長い時間のものでもいいのです。

重要なことは、**毎日ある一定の時間を設ける**ことです。最も重要な行動をすることです。神聖な儀式の時間をつくることです。

繰り返し言わせてください。これは本当に大切なことだから。

儀式は神聖な時間です。毎日その時間をつくりましょう。そして、あなたの最も重要な習慣をやり遂げてください。

儀式とは、日々のスケジュールとまったく別のものです。

スケジュールは何をやってもいいですが、儀式は本当に大切なことを最後までやり遂げる、つまり、大きな石、最優先事項を優先してください。

20%の行動が、80%の結果を生むと言われています。

それは、大きな石を最初にビンに入れているからです。

「毎日大きな石を先に入れる」、つまり、「最重要事項を最後までやり遂げる」ことにコミットしましょう。

儀式を行なうメリット

儀式は、アマチュアのトレーニングをしているアスリートからプロのアスリートになるように、あなたを成功者へと導くことができます。

腹筋運動、腕立て伏せ、短距離走などが、あなたの儀式の習慣になります。あなたの運動、つまり、体と心のストレッチが、あなたの儀式になるのです。

儀式はまた、他の利益ももたらしてくれます。

あなたの性格、勇気、決断力などを構築するお手伝いをします。

あなたの意志の力を、ぐんと強化してくれます。

あなたの思考レベルをもっと上げてくれます。

そして、先を見通すことができるようになります。

これが成功のエッセンスなのです。

私の人生が以前と比べてより豊かになり、多くの報酬を受けられるようになったのは、毎日私が大きな石を先にビンに入れているからです。

私の儀式は、莫大なパワーの源になっています。瞑想や運動などの行動を日々の習慣にして、効率の良い戦略を採用することで、マジックは本当に起こるのです。

私が前述した「複利の力」がこれです。

あなたは正しい大きな石を選択して、それを習慣にすべきです。

自分の儀式をつくるときの3つの重要エッセンス

あなたの個人的な儀式を、「4つの地図」に描きましょう。

儀式は、大きな石を最優先事項として描きましょう。

儀式は個人的なものなので、私には明確にはあなたの大きな石はわかりませんが、あることに気づいたのです。

最も重要な大きな石を最初に取り入れる習慣は、次の3つのカテゴリーに分類されます。

「Being（在り方）」

「Body（身体）」

「Brain（考え方）」

あなたが自分の儀式を構築するとき、最低でもこのカテゴリーの中の1つからスタートさせることを私はおすすめします。

①Being（在り方）

あなたの在り方、つまり、あなたの魂、生きる力はあなたの中に、しかも永久に賢く存在しているのです。私は信じています。あなたの才能がものすごく聡明で、計りしれないほど深いもので、言葉に表せないくらい輝かしいことを。

ではどうやって、あなたの生まれ持った才能を使うのか？

どうやって、宇宙一の才能を使うのか？

あなたは普段、瞑想をしていますか？　あなたは祈りを捧げていますか？　あなたは自然と親しんでいますか？　人間性を磨いていますか？

もし、それらを行なっていたら、あなたの人生はもっともっと良くなります。

あなたが「これをやると、自分自身が良くなる」と信じている「Being（在り方）」を日々の儀式の一部にしましょう。

②Body（身体）

あなたの身体は、本当にすばらしい機能を持っているマシーンです。

それは、すべてのシステムを組織化しているのです。呼吸、消化活動、排泄、血液の循環、免疫など、あなたの身体から1つでも欠けてはいけません。

あなたの身体の全細胞には、DNAの青写真があります。それは、無限に再生することができます。あなたの身体の中にある幹細胞は、1つひとつの細胞から人間の身体全体まで再生することができるのです。このすばらしい天才的な機能は、あなたの身体の中にある全細胞に存在する底知れないパワーなのです。

あなたは普段どのように体をケアしていますか？　運動はしていますか？　歩いていますか？　泳いでいますか？　ヨガをしていますか？　正しく食事をしていますか？

あなたが健康でないと、理想のライフスタイルで生きることはできません。必ず、毎日大きな石をビンに入れるとき、あなたの健康を維持するものを確実に取り入れてください。

③Brain（考え方）

あなたの脳は、この宇宙一の複雑な存在です。あなたが今まで経験してきたことは、すべてあなたの知的コンピューターに永遠に記録されています。

あなたは普段どのように脳をトレーニングしていますか？ あなたは、十分な睡眠をとっていますか？ それとも日々の目まぐるしさのせいで、夜遅くまで起きていますか？　あなたは読書をしていますか？　あなたは物事を深く考えることがありますか？　未来設計に時間を割いていますか？　あなたの考え方を鍛えるために何ができますか？

これらのいずれかを、あなたの儀式の一部に必ず取り入れてください。

あなたの儀式を書く

「儀式の地図」では、あなたが今まで考えてきたことを書いてください。

あなたの理想のライフスタイルの笑顔の左側に、「私の儀式」と書いて、その下に、**「在り方」「考え方」「身体」と書いて、その横に線を引いてください。** 次ページのイラストのように。

あなたの儀式は、まずはこの3つのカテゴリーの中で頭に浮かんできたことを小さいステップで、それぞれ1つ書いてみましょう。

自分は「意志の力」が弱いと思っている人へ

私のクライアントで「ロバート、私は自分の大きな石が何かわかっているけれど、行動できないの。意志のパワーが私には欠けているの」と言う人がいます。

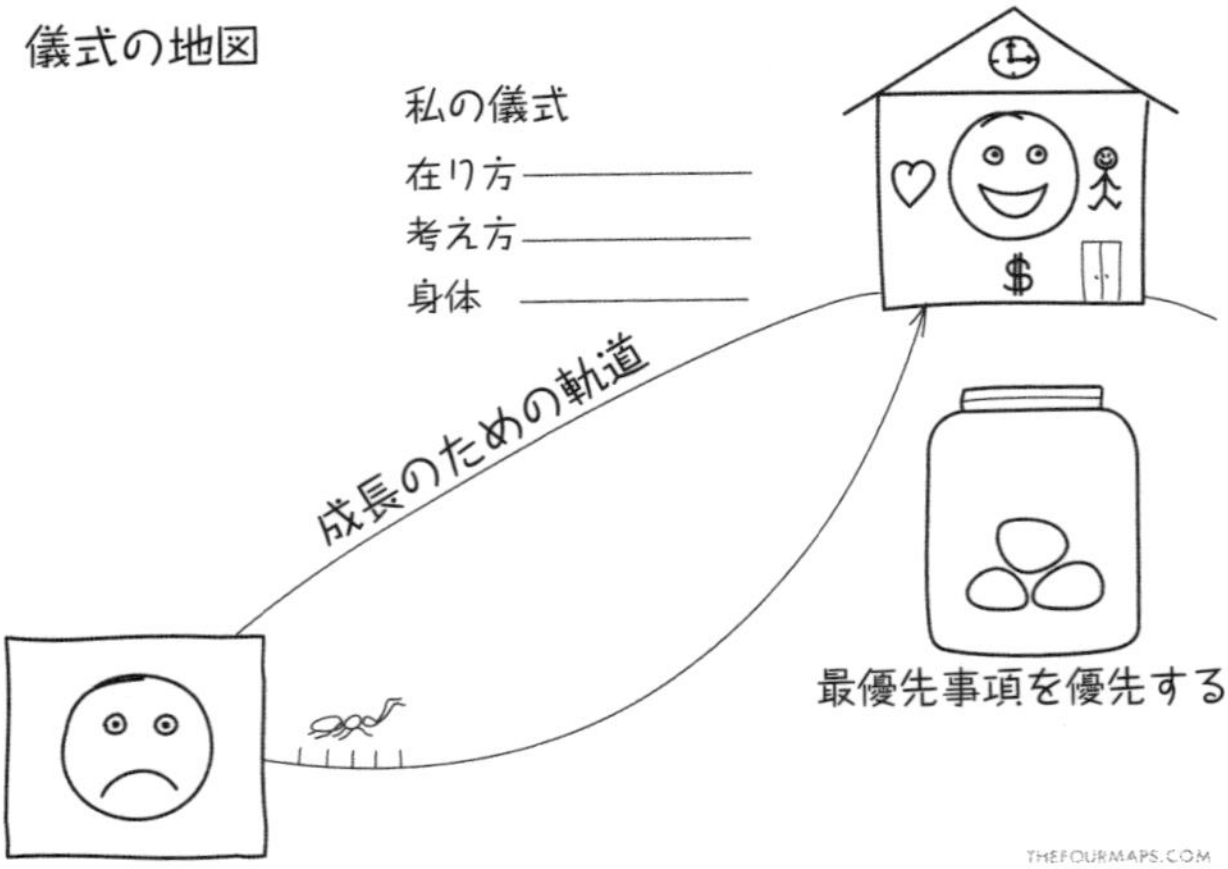

その気持ち、私にもよくわかります。もし、大きな石を扱うのが簡単だったら、この本を読む必要はないですよね。

毎日の儀式は、とてもすばらしいものです。あとは、たった1つの決断をするだけです。それは、**あなたのルーティンをスタートするという決断**です。

たとえば、あなたが今、ダンスフロアーにいて、ダンスをするとしましょう。

意志の力とは、
何が起きようとも、
たとえ難しいことであっても、
行動する能力のことです。

――ケリー・マクゴニガル博士（心理学者）

ダンスが上手になる方法は、少しずつ小さいステップを重ねていくルーティンを、あなたがやることです。

それが、あなたの儀式です。

ステップを一歩一歩踏みますよね。すると、次第に慣れてきます。そして、ダンスができるようになるわけです。

自分の儀式をスタートさせる最初の決断をしたら、あとは**前もって予定を決めること**です。それが習慣、つまり、儀式です。

あなたにはたった1つの決断をするための意志の力が必要なのです。

私が特におすすめする方法は、**毎日時間を区切って行なう**ことです。

たとえば、午前中、午後、夕方というように区切るのです。私は毎朝起きてすぐに、自分の儀式を行ないます。

または、決まった順番で儀式を行ない、順番を変えないでやってみてください。同じ場所で同じことを同じ順番でやるのです。

この方法で儀式をやり遂げるには、この1つの決断が必要なのです。「やる」という1つの決断をしましょう。そして、次はダンス・ルーティンのように、小さいステップを踏み重ねるだけです。

さらにわかりやすいように、順番どおりやっている私の儀式をお伝えします。

公開！　ロバート・アレンの儀式「リッチ・アル」

◎Being（在り方）

私のスピリチュアルな人生は、たくさんの意味をもたらしています。

ですから、自分自身をインスパイアしてくれる文章（私の好きな聖書）で、30分間、学習するところから儀式は始まります。

そして、私は高次元の力とつながります（たいてい、ひざまずいて祈るか、瞑想をしています）。自分が安らぎと謙虚さを感じるまでやっています。いろいろな信念や宗教をお持ちの方々の前で話をするとき（この本もそうですが）、私は「高次元の力」

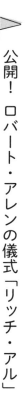

という言葉を使います。

私は高次元から降りてくるメッセージを受け取れるように、常にアンテナを立てています。そして、特別な気づきがあったら、手帳に記録しています。

◎Body（身体）

私は、朝の学習の後、フィットネスルームで30分間、運動をしています。時々、私は33分33秒、37分37秒、44分44秒といった感じで運動をします。なぜなら、私はこのようなゾロ目の数字が並ぶのが好きだからです。

時々、運動や筋肉トレーニングの方法を変えています。ストレッチをすることもあります。わざわざ運動をするためのフィットネスルームは必要ありません。必要なのは、運動をすること。できれば最低30分はやってみてください。

◎Brain（考え方）

運動しているとき、私はその日やることを自然と考えています。

また、時々、読書をします。また、散歩しながら、自分の考えをボイスレコーダーに記録しています。それが終わったら、すぐに座って「4つの地図」を描きます。これが、私の理想のライフスタイルに到達するための重要な時間になっています。すべてを終えたら私はキッチンに向かい、自分自身でヘルシーで栄養価の高い朝食をつくります。

これが、私の「リッチ・アル」です。

私は人生で一番大切なことを決断しました。

つまり、大きな石（最優先事項）です。その大きな石を習慣に取り入れています。まず最優先事項を先にやり遂げることを毎日実行しています。

あなたの儀式は何ですか？

「成長の軌道」は、徐々に加速する

あなたがつくった自分の「儀式の地図」に、あなたのサインをして、コミットをする前に、とても大切なことがあります。

これを私は「軌道」と呼んでいます。

あなたが自分の儀式を来る日も来る日もやり遂げたら、ミラクルは起こります。あなたは、**自分の人生の中で軌道に乗り始める**のです。

これは、実際に体験しないと、説明するのは難しいのですが、あなたは向かうところ敵なしの状態になります。意志の力が身についたり、心配事や物事を先送りする行動が消えていくのです。

あなたの人生で、複利の兆しを見ることができます。

最初は、複利のスピードがとても遅いことに気づくでしょう。

でも、**心配**する**必要**はありません。私たちが新しい習慣を築いたり、自分の儀式をより進化させるときによくあることだからです。

あなたの人生で儀式の時間を取り入れることは、とても大変です。

しかし、**複利のスピードはやがて劇的にアップ**していきます。

私はスポーツイベントで、アスリートが**「ホット」になる**とか、**「ゾーン」に入る**という話を聞いたことがあります。

これらは、私の言う「軌道」と同じことを話していると思っています。

アスリートの彼らは、ゾーンに入ることができます。なぜなら、何年にもわたってそのスポーツで努力をしてきたからです。彼らは成功するために準備をし、習慣を取り入れ、毎日実践しているのです。

「成長の軌道」に乗っている感覚を視覚化する

あなたの「儀式の地図」を見てみてください。

そして、**「成長のための軌道」というフレーズを線に沿って書き、**あなたが成長の軌道に乗っているという感覚を視覚化してください。

どうしたら意志の力を持つことができるのだろうか？

どうしたら毎日毎日、本当に重要なことをやり遂げられると感じることができるのだろうか？

「軌道」に、実際に乗ることができます。あなたの人生の中で達成することができるのです。そう言われたあなたは、「最後まで重要なことをやり遂げる」とコミットできるでしょうか？

もしコミットできたら、サインを書いて、自分自身を鼓舞してみましょう。

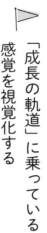

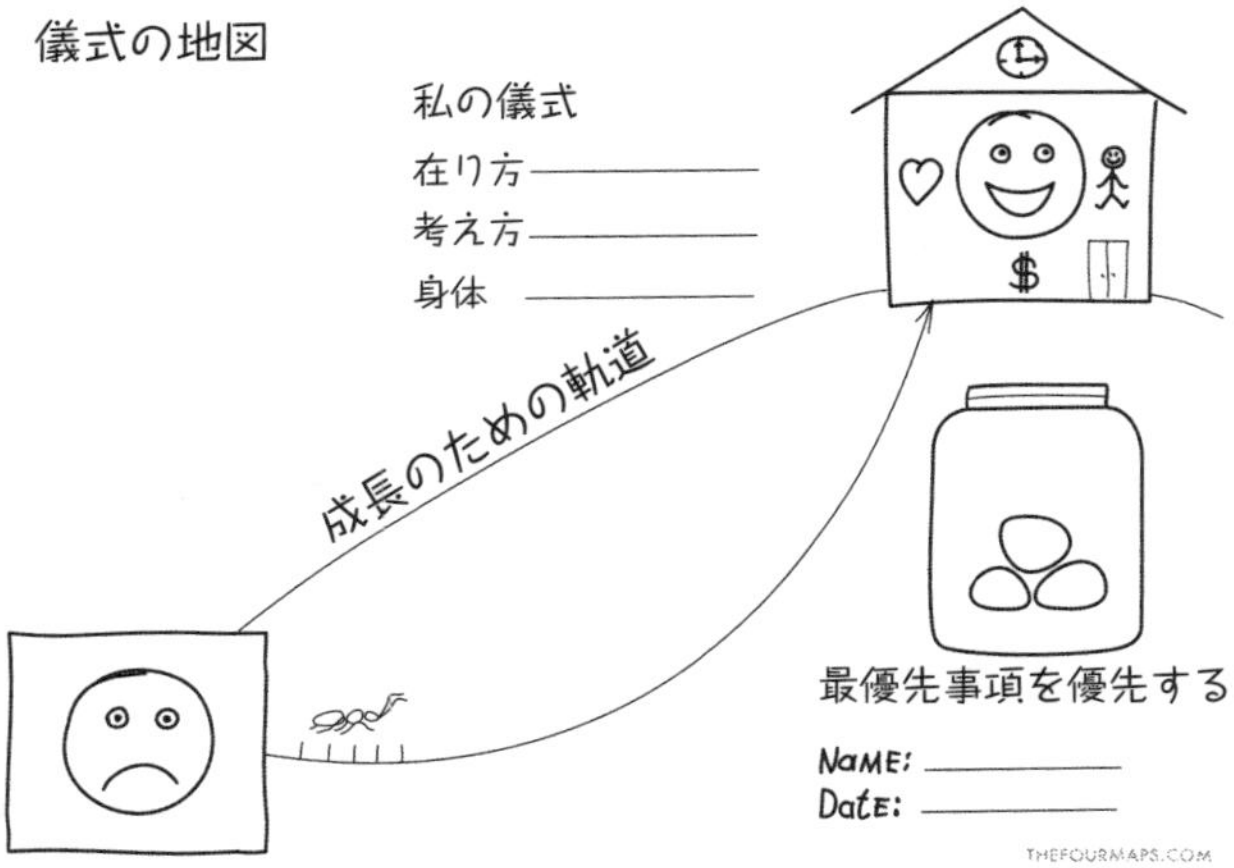

あなたの「儀式の地図」の完成図は、上のイラストのとおりです。

あなたの儀式を視覚化する、その他の方法

もしあなたが、もっとレベルを上げたい、もっとあなたの儀式の詳細を書きたいと思っているとします。

そんなあなたのために、次ページに今すぐ描ける図を用意しました。

あなたは毎日それを描く必要はありません。これは、あなたの儀式を描くことを手助けしてくれる図です。

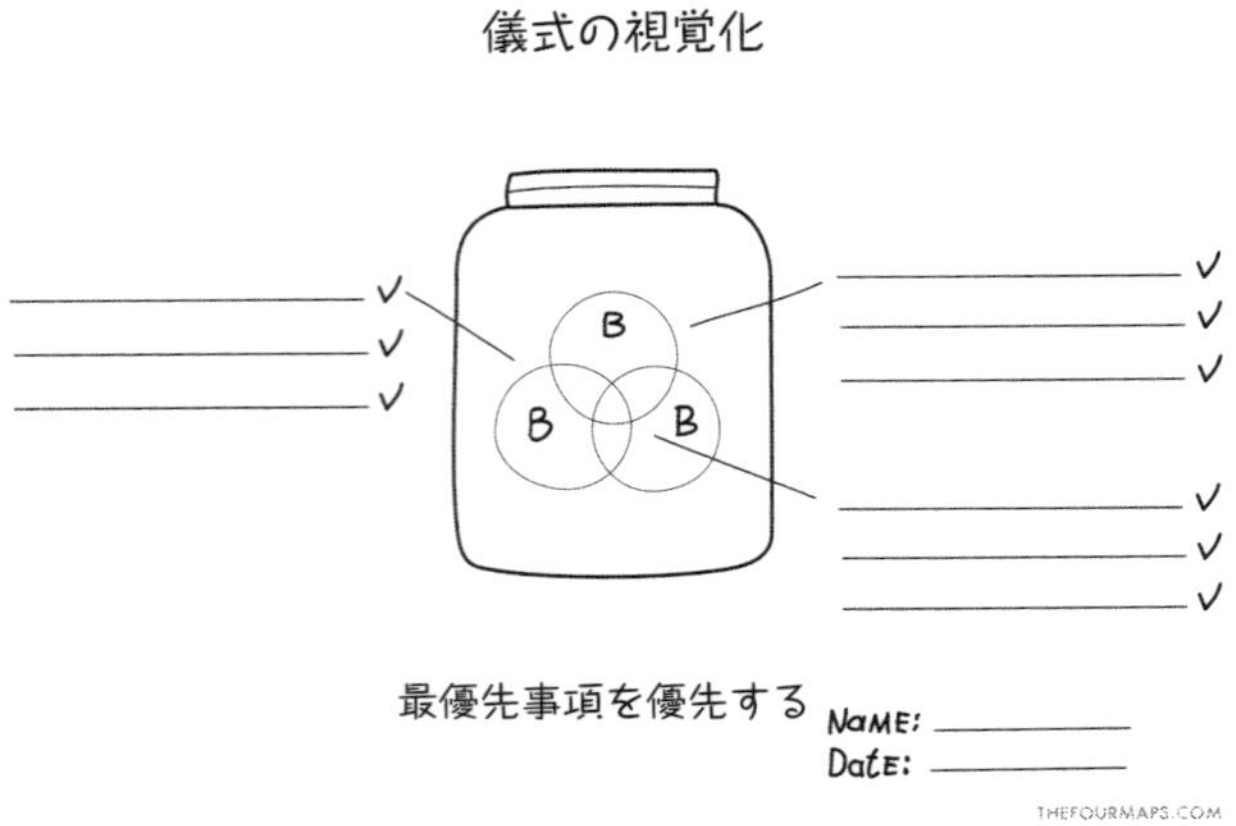

私はこれを**「リチュアル・ビジュアル」**（儀式の視覚化）と呼んでいます。

これは、あなたの大きな石のビンです。その中にある3つの楕円は、あなたの大きな石、つまり最優先事項を表しています。

それぞれ「B」という文字がありますが、それは、"Being"（在り方）、"Brain"（考え方）、"Body"（身体）を表しています。

これらの大きな石は、お互いに相関性があります。あなたの儀式を書くためのものです。あなたの日々の儀式を構築するためにも、図にある下線部を埋めてみましょう。

私の多くのクライアントも、この「リチュアル・ビジュアル」を、日々のチェックのために使っています。そして、私は彼らにそれを描き続けるようにアドバイスしています。

また、曲線だけではなく、アリさんも描くようにしてほしいのです。なぜなら、複利の力を記憶させてくれるからです。

あなたの人生の中で、軌道に乗り、成功しているという感覚を視覚化してほしいのです。そして、意志の力をフルに使いながら、人生を送ってほしいのです。

地図

3

「儀式の地図」のまとめ

「儀式の地図」を描くときに必要なこと、ポイントをまとめました。

①あなたの「ビフォー」「アフター」を、悲しい顔と笑顔で描きます。笑顔は、夢の家の中に描きます。そして、あなたの理想のライフスタイルを表すシンボルマークを夢の家のまわりに描きます。

②日々の行動、一貫性の力を記憶するために、複利の曲線を描きます。そして『イソップ物語』のアリさんも描きます。

③「最優先事項を最優先する」と記憶するために、あなたの「大きな石」（最優先事項）とビンを描きます。

④「在り方」「考え方」「身体」の各分野で、あなたの儀式を3つ書きます。

⑤あなたの人生が軌道に乗り成功している感覚を、五感をフルに使い、視覚化します。また、毎日重要なことを最初にやり遂げます。

⑥毎日やり遂げるとコミットして、あなたの儀式を最後までやり遂げます。あなたのサインをして、コミットしたことを証明しましょう。

地図4
行動の地図

習慣とタスクの違い

今までお伝えしてきましたが、習慣とタスクについて、もう一度おさらいしましょう。

人の行動は、2つのカテゴリーに分類されます。繰り返し行なっている「習慣」、もしくは、1回限りの「タスク」です。

きれいな真っ白い歯を目指している人の例を前述しましたが、覚えていますか？

真珠のように白い歯を手に入れたいなら、あなたは毎日の習慣（デンタルフロスをする）と特別なプロジェクト・タスク（歯をきれいにするために、歯医者に行く）の両方を組み合わせなければいけません。

山頂にある理想のライフスタイルへの道のりも同じように行動する必要があります。**私たちを成功に導く毎日の習慣は、大きな石を先に入れることと、それを習慣化すること**です。

習慣と特別なプロジェクト・タスクの両方を組み合わせるのです。習慣とタスクを効率良く取り入れたなら、あなたは理想のライフスタイルを手にすることができるようになります。

この本では、マインドセットと習慣についての説明に多くのページを費やしてきました。今回の**地図4「行動の地図」**では、日常のやるべき事柄を最後までやり遂げることについてお伝えします。

私があなたにお伝えしたいことは、**短期的・中期的・長期的なプロジェクトを確認**

すること、そして、**毎日のタスクを習慣化すること**です。

すると、あなたが歩むステップが理想のライフスタイルに近づいていきます。

いわば、あなたの理想のライフスタイルを手に入れるための**「視覚化できるプロジェクト・マネジメント」**です。

多くのプロジェクト・マネジメントは、戦略的なプランと理論的なツールを使っています。しかし、私を含めた多くの人々には、このようなテクニカルな方法を使っても機能しません。

私たちは、自分の想像力を使うほうが実行できる生き物です。だから、私はあなたに絵を描くようにお伝えしているのです。

それが他のプロジェクト・マネジメントとの圧倒的な違いです。

「行動の地図」では、毎日のタスクを書くだけではありません。私たちの**目的と理由から逆算して、全体的なプランを盛り込んで描きます**。そして、これを実行に移すと、現実の世界も変わっていきます。

「タイム・マネジメント」より「タスク・マネジメント」

「行動の地図」に入る前に、「効率的なタスク」についての考えをお伝えしたいと思います。

あなたの人生の日々は、何もない真っ白なキャンバスだとします。そのキャンバスに色を塗っていくことだとします。毎日、あなたはどんな色をキャンバスに塗りますか？

1980年代に「The Joy of Painting」という、ボブ・ロス（アメリカの人気画家）が出演している人気番組がありました。私はこの番組を観るのが好きでした。特にロスが好きでした。彼はいつも「今から小さい幸せな木を描いていきます」と言って、キャンバスに点をつけるように、ランダムに色を塗っていました。

私は心の中で、「幸せな木なんて描けるわけがない」と思っていました。

しかし、ロスはわかっていたのです。彼は計画的に点を描いていたのです。そして突然、すべての点が魔法のようにつながり、幸せな木が現れたのです。

私はそれを見ていて、いつも驚いて感動していました。奇跡が起こったように思ったものです。しかし、それは奇跡でもなく、偶然でもなく、ボブ・ロスが計画したものでした。彼は、計画的に色を使って点をつくっていたのです。

私たちのタスクも、ボブ・ロスの筆使いと同じように、ターゲットを絞り、毎日のキャンバスに色を塗っていきたいものです。

毎日の圧倒されるような目まぐるしさに追われるだけではなく、私たちは「するべきこと」を明確にする必要があります。

ただ、そう言うのは簡単です。私たちを取り巻く目まぐるしさで頭がふらふらするような中で、必要なタスクをやり遂げるのは難しいものです。

では、どうすればいいのか?

実は、**正しいタスクを選択する3つの秘訣**があります。

「ビッグ・ピクチャー・フィルター」を活用する
——効率のいいタスクの秘訣1

あなたのマインドに明確なビッグ・ピクチャー、つまり、自分の長期的なビジョンがあれば、正しい決断を下すことが簡単になります。

あなたがタスクに取り組むときに、ビッグ・ピクチャー・フィルターを採用し、行動する前に自問自答するのです。

「これは本当に私がやりたいことなのか？」

「理想の人生に近づけるのだろうか？　それとも遠ざけるのだろうか？」

ビッグ・ピクチャー・フィルターを採用すると、間違えることがありません。また、すべてのタスクをやる必要もありません。

横道にそれる人も、進歩が遅い人もいますが、現実的に理想のライフスタイルへとステップアップできるようになります。

ビッグ・ピクチャーを使えば、効果的なタスクを選ぶことはとても簡単です。やるべきタスクは、はっきりと見えてきます。

それは、暗い部屋の中で明かりをつけると、明かりの下にいる虫が逃げるようなものです。あなたの目的の明かりの下にいる、重要でない日々の目まぐるしい事柄も追い払うことができるようになります。

たった3つに絞る——効率のいいタスクの秘訣2

現代社会は、とても多くの可能性に満ちあふれています。

あなたのライフスタイルに、やりたいことをあれもこれも付け加えると、キリがありません。

しかし、ここまでお伝えした3つの地図づくりを通して、あなたも気づいたでしょう。それぞれにたった3つのリストをつくっているだけです。3つのやりたいこと、3つの理由、3つのチャンピオン、3つのチャレンジなどです。

現代社会は、たくさんのことを行なうほうがいいとする風潮があります。

しかし、私たちは成長したいのなら、フォーカスする必要があります。やりたいことすべてを同時に挑戦したら、私たちは大量のやらなければならないタスクで、いとも簡単にマヒ状態に陥ってしまうでしょう。

やるべきことを最後までやり遂げる秘訣は、絞ることなのです。**私たちのエネルギーをフォーカスさせる**ことなのです。

スティーブ・ジョブズも3つに絞って実行

スティーブ・ジョブズがアップル社にいた頃、彼は毎年100人の最も優秀な従業員をリトリート（慰安旅行）に連れていきました。このリトリートの目的は、翌年にアップル社が実行する革命的な行動を決めることです。

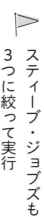

アップル社はジョブズがかかわったすべてのプロジェクトで、驚くほどの結果を出しています。リトリート中に、彼は従業員にベストなアイデアを出すように伝えました。そして、リトリート期間の最後に、彼はホワイトボードに10個のベストなアイデアを順序良く並べて書きました。

そのリストアップされたすべてのアイデアは、世界を変えるくらいのすばらしいアイデアだと私は推測しています。

しかし、ジョブズは、最後にホワイトボードの10個のリストの内、下から7つのアイデアに×を書いて言いました。

「私たちは、この上から3つに絞って実行しよう」

もちろん、ジョブズは彼らがエネルギッシュだということを知っていました。しかし、たくさんの選択肢の中で、あれこれとエネルギーを分散させていたら、二流の製品をつくって終わっていたことでしょう。

天才的なジョブズがいたアップル社の社訓は、大量の製品を市場に出すのではなく、たった3つの「きわめてすばらしい」製品を市場に出すことにフォーカスすることでした。

では、これをあなたの毎日のタスクに置き換えましょう。

あなたができることは、たくさんあります。しかし、その中でも3つに絞り、最も

あなたにとって偉大なことを創造するのです。

もし、たくさんのことにエネルギーを分散したら、結果的に平凡な毎日、平凡な人生で終わることでしょう。

成功の鍵は、**選んだタスクだけを集中してやる**ことです。

あなたが1つの分野をマスターしたあと、また次のタスクに移るのです。

人生をコントロールしましょう。1つの分野に絞りましょう。

地図4「行動の地図」では、エネルギーを消耗するようなリストをつくることはしません。私たちは、3つのやるべきタスクを選択し、それをマスターするのです。

TO-DOリストを捨てる――効率のいいタスクの秘訣3

多くの人々は、何か物事をやり遂げるのに、伝統的なTO-DOリストを使います。しかし、TO-DOリストは、効率的ではありません。いや、それどころか、ライフマネジメントのツールで一番最悪なツールです。

なぜなら、やらなくていいものまでやり遂げるように強いているからです。

私はあなたに従来のTO-DOリストを捨てることをおすすめします。それをゴミ箱に捨てましょう。

TO-DOリストの功罪

ここでTO-DOリストを使っているジョーさんが、毎日のTO-DOリストをどう活用しているかを考えてみましょう。

彼は熟慮して、TO-DOリストに取りかかっているようです。

「ええと、今日は何をしなければいけないか?」

彼の頭に浮かんできた大量のやるべき項目、すべて重要に見える項目を書き留めました。そして、リストに挙げた項目に取りかかる準備ができました。

「ええと、このリストのどの項目が、早く終わらせることができるだろう?」

彼は自問自答しました。そして簡単なタスクから始めました。

なぜなら、簡単に終了できたことをTO-DOリストにチェックできるからです。

そして、おもしろいことが起きました。彼はリストの項目をチェックするときに、幸せな気分を味わっているのです。たとえ、それが重要ではないことでも「やり遂げた」という達成気分を味わっていたのです。リストの項目にチェックするたびにドーパミンが出ていたのです。

彼は、次に簡単にできるものを探し始めました。そして、それが終わると、また次に簡単にやり遂げられるものをチェックすることを繰り返していました。

なぜなら**リストの項目をチェックするときに、コミットしたものをやり遂げた気に**

なり、ドーパミンが波のように出てきて楽しくなっていたのです。

でも、それは彼の本当に求める人生にとっては重要ではないことをやり遂げただけです。

あなたは1日の終わりに、TO-DOリストを見直したことがありますか？ 書いた内容すら忘れていませんか？

TO-DOリスト、いわゆる**「無駄なことリスト」をやり遂げただけ**ではないでしょうか？

あなたはTO-DOリストにとらわれているかもしれません。

私も気持ちはわかります。かつて私もそうでしたから。

あなたはチェックする行為にとらわれていたのです。効果的ではないタスクをやり遂げてチェックをし、満足していたのです。それは、**マスト（Must）なことではなく、あなたができること（Can）をやっていたにすぎない**のです。

マストなことに取り組むのは、とても大変だと思うのです。

しかし、**最初にマストなことからやってください**。さもないと、やるべきことを後回しにしてしまうのです。

私たちは1日のタスクに対してエネルギーを実はたくさん使っています。目の前のタスクを初めに行なうと、結局、重要なタスクはやらずにそのままなのです。おそらくそれを正当化して、明日のやることリストに入れるでしょう。

しかし、明日になっても、1日のサイクルは変わらず繰り返されるのです。重要なタスクは置き去りにされ、結局何もしないままで終わってしまいます。

これは、たくさんの小さいことだけをこなしている悲しい人生のレシピです。その小さなこととは、本当に重要ではないものばかりです。山頂にあるあなたの理想のライフスタイルは置き去りのままです。

そして、もっと悪いことは、やらずに置き去りにされている重要なタスクが後回しにされ、1日を違うことに費やすことです。たとえ、小さいことでも、私たちはたくさんTO-DOリストの項目にチェックをつけます。

私が言いたいことはわかりますよね？

重要なことをやらずに先送りして、それを今度は心配し始めるのです。

なぜなら、あなたは「やるべきこと」があるけれど、やらないでいるからです。たとえ楽しいことをしていても、「やるべきこと」が頭から離れないのです。

これは本当に悲しい人生です。

ぜひ重要なことにフォーカスしましょう。エネルギーを使って最初に重要なことをしたら、信じられないくらい楽しいことや自由が手に入ります。重要なことをやり遂げた後の人生は、驚くほどすばらしいことだらけです。

あなたの日々は、あなたのものです。そして、何でもできるのです。

「行動の地図」の描き方

効率のいいタスクについて、少しは明確になったと思います。

さあ、あなたの「行動の地図」を描きましょう。

この地図は、あなたの人生で本質的なことを見分けるお手伝いをします。やるべきことをやり遂げるという新しい心理学も含まれています。そして、毎日活用できる地図になっています。

他の地図を描いたのと同じように、ペンと紙を用意してください。あなたのお気に入りのデジタル端末でもいいです。そして、制限されているオリにいる悲しい顔と、あなたの理想のライフスタイルの家にいる笑顔を描きましょう。そして、その2つの顔を曲線を描くように線で結びましょう。

そして、曲線に沿って**「完了！」**と書いてください。

これが、地図4「行動の地図」のテーマです。なぜこのテーマなのかは、すぐわかりますよ。今、あなたの地図は、次ページのイラストのようになっているはずです。

次に、**「3つのことを選ぶ」原理原則**をこの地図にも描いていきます。**左上に逆三角形**を描きましょう。これは、ロートのような形になっていますね。**その上に100**と書いて、**その下に3**と書きましょう。あなたができるたくさんの100のことから、

行動の地図

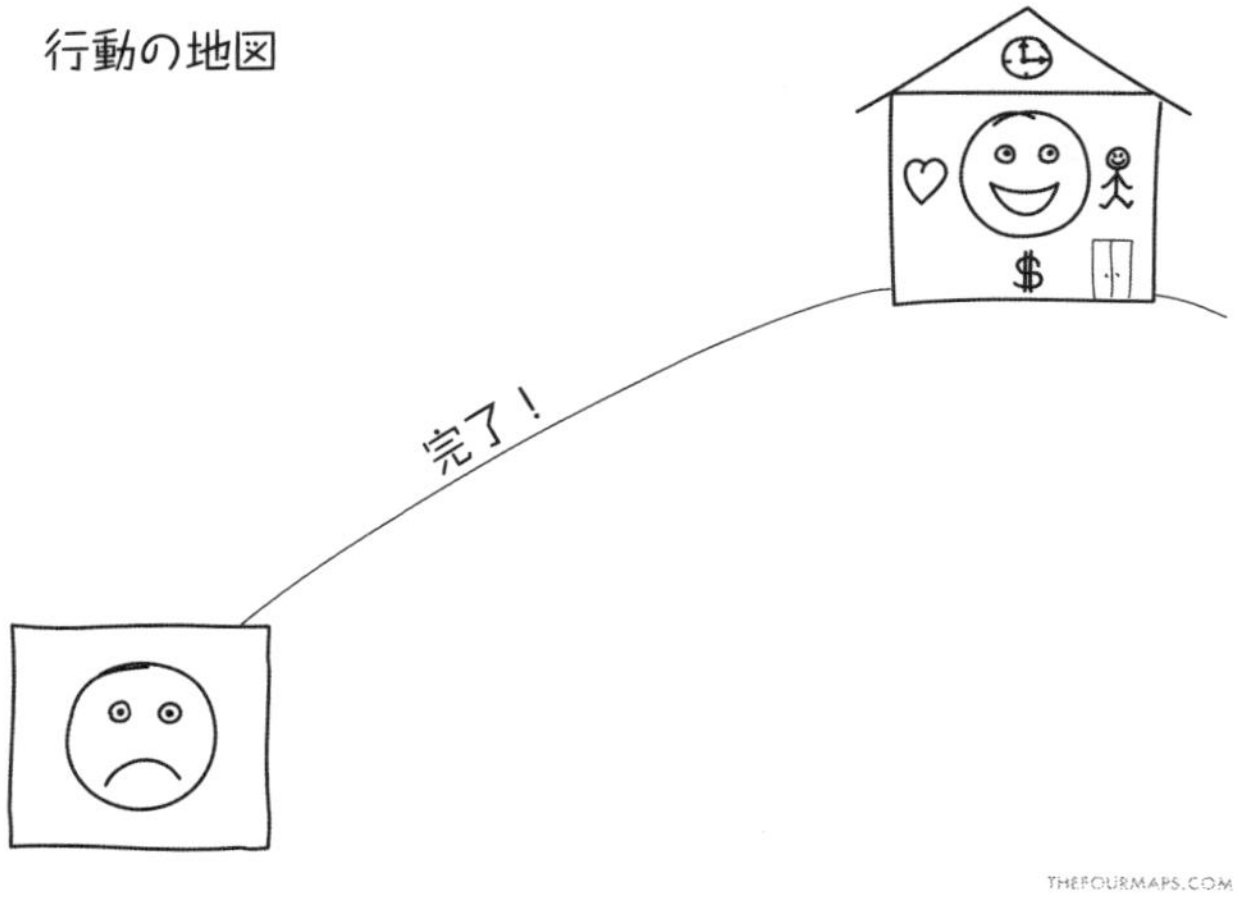

本当に大切で重要なこと3つに絞ります（次ページの上のイラスト参照）。

そして、スロープを3つに分けて、線を引いてください。分けた1つ目のセクションの下に**「現在」**と書いて、真ん中に**「1年後」**、3つ目に**「5年後」**と書いてください。すると、次ページの下のイラストのようになるはずです。

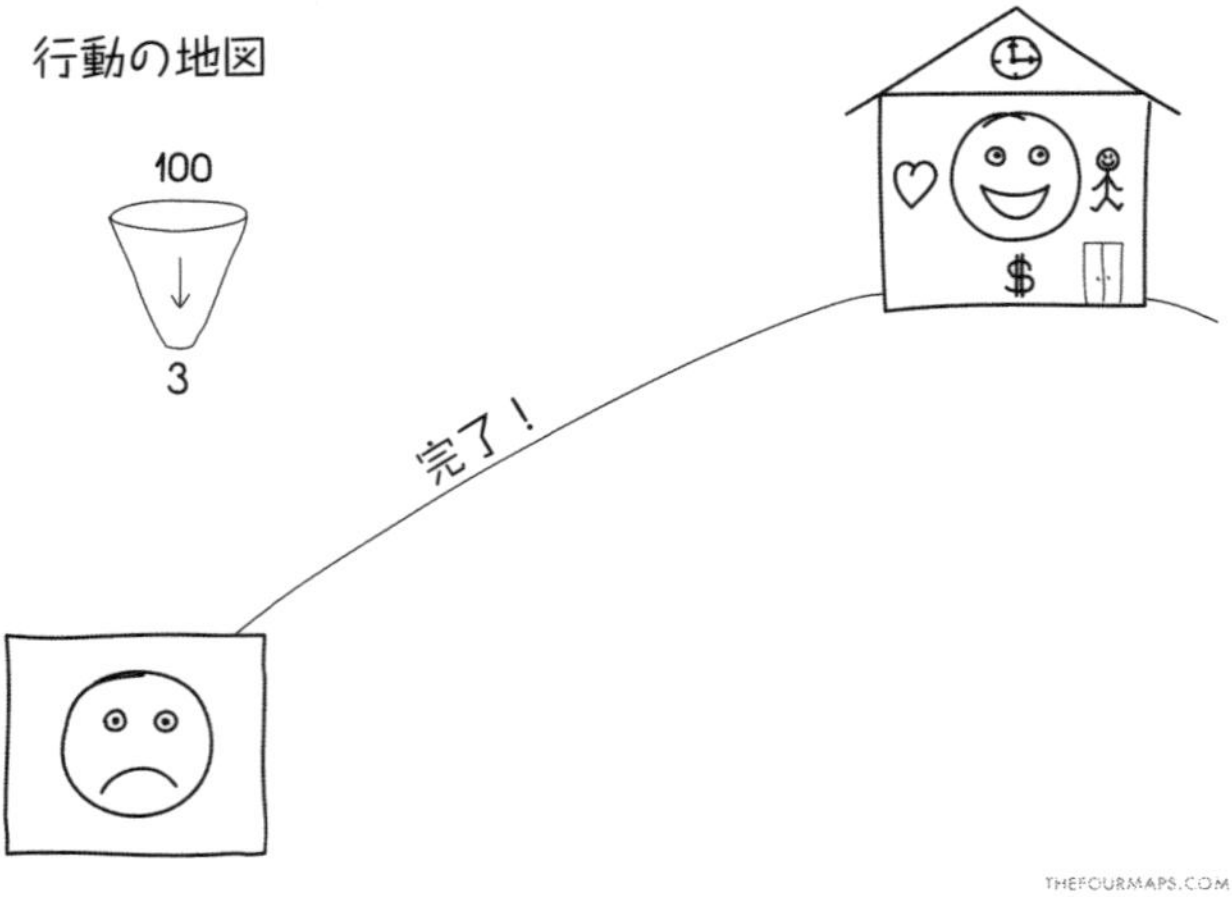
行動の地図
100
3
完了！
THEFOURMAPS.COM

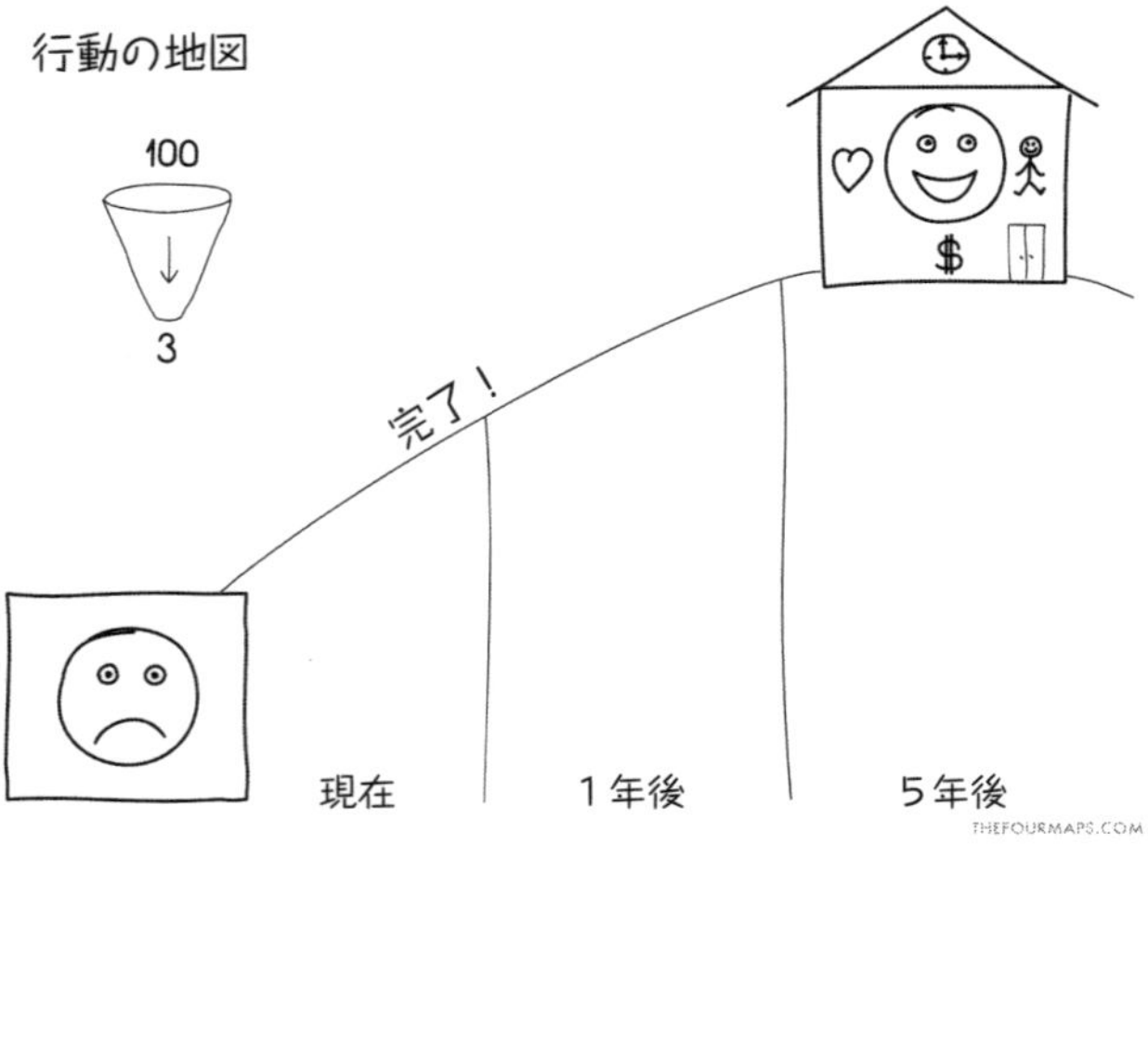
行動の地図
100
3
完了！
現在
１年後
５年後
THEFOURMAPS.COM

1つの目標達成は、
新たな目標の出発点だ。

――アレクサンダー・グラハム・ベル（発明家）

「行動の地図」3つのセクション

あなたが理想のライフスタイルへと山登りをするように、時間もどんどん過ぎていきます。あなたの偉大な人生を構築するように、1つひとつのタスクが大きくなり、それが大きな目的になっていくのを想像することができます。

この「行動の地図」の3つのセクションに、ユニークな名前をつけましょう。進めるうちに、それぞれの名前についてもっと深くお話しします。なぜなら、他のプロジェクト・マネジメントと異なる名前だからです。

右端にある、あなたの夢の家の下に、「理想」と書いてください。**真ん中には、「完了」**という言葉を書きましょう。**左端のスペースには、「マスト」**と書いてください。

「理想」は、5年計画の長期的プロジェクトです。

「完了」は、1年計画の中期的なプロジェクトです。

「マスト」は、まさに今日やる本質的で重要なタスクです。

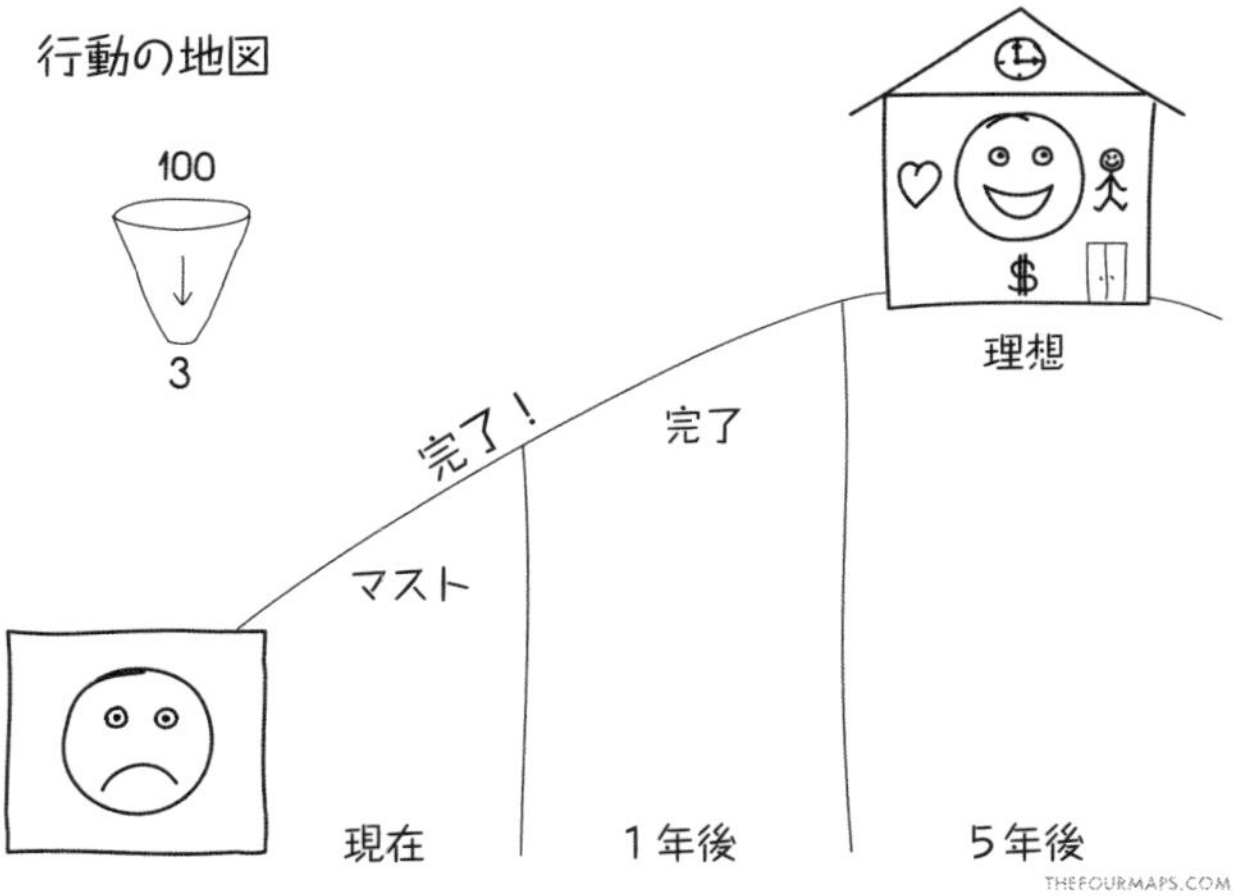

5年計画の長期的プロジェクトを書く——3つの「理想」

長期的なプロジェクト、「理想」から始めましょう。

私のメンター、スティーブン・R・コヴィー博士が次のように言っていました。

「人生の最期を思い描きながら、目的を持って、あなたがやるべきことを始めなさい」

あなたは、人生で大きな夢を持っています。私たちは、地図1「明快な地図」であなたの人生でやりたいことを明確にしました。

そして、あなたの理想のライフスタイルで過ごしているという体験を視覚化しました。やりたいことを3つ書きました。パワフルで高いモチベーションを維持できる理由も書きました。

今こそ、あなたの「明快な地図」で書いたことを行動に移すときです。

3つのやりたいことが明確な目的になり、5年計画でそのやりたいことを完了させるのです。

あなたの「行動の地図」の**「理想」のセクションに、3つの横線**を引きましょう。

「5年」と聞くと、とても長く感じるかもしれません。これらの3つの理想は、本当に大切です。

ここでは、あなたの夢のライフスタイルについてあらゆる角度から話をしていきましょう。

たとえば、あなたの理想のライフスタイルの1つが「経済的自由」だとします。す

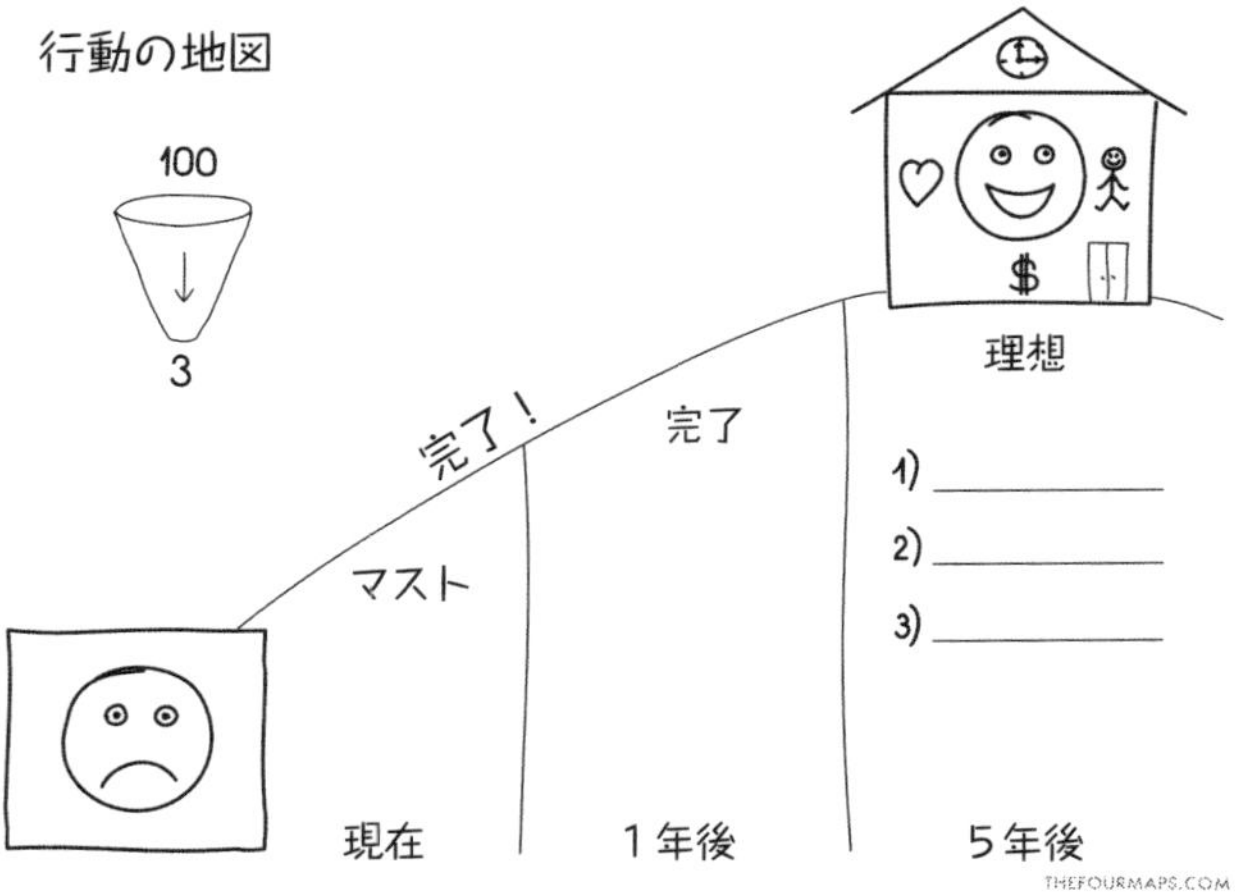

ばらしい5年計画の「理想」が、会社を売却することかもしれません。また、アパートなどの不動産を所有することかもしれません。

もし、あなたの理想のライフスタイルの1つが、「人生を通して愛があふれる人間関係を持つ」ことなら、あなたの5年計画の「理想」は、特別なパートナーを探すことになるでしょう。

もし、このコンセプトがあなたにとって難しいなら、**5年後を見据えて、あなたがインタビューされている場面を想像**してみてください。

インタビュアーに、「この5年間、あな

たが達成したことで、何を誇りに思っていますか？」と質問されていると想像してみてください。

「理想」は、できるだけ具体的に持つほうが効果的です。

「世界で活躍するアスリートになります」と言うのは簡単ですが、スーパースター界の一員になれるような明確な目標を効果的に選択するべきです。

たとえば「私は、トライアスロンの大会に3回参加します」など。たとえ5年後の「理想」を話していたとしても、明確に決めることが大切です。

私の5年計画

私の人生から実際の例を挙げてみます。

私は「明快な地図」を描き終わったとき、自分の理想のライフスタイルを視覚化しています。私は「人の成長を手助けしたい」と強く思っています。それが、私の3つの「やりたいこと」の1つです。これが、私の人生の目的です。

なので、私は、自分の「行動の地図」の1つに、5年後に「25冊の本を出版する」と決めました（25冊ですよ！）。息子のアーロンと私は、パワフルで最短で自分が成長できる本のアイデアをたくさん持っています。

私たちは、自分たちの会社を「リトル・ベター・ブックス」と呼んでいます。そして、私たちはワクワクしているんです。

「私は25冊もの自己成長できる本を、オンラインでダウンロードを可能にします！」

私は10冊書くのに、35年もかかりました。5年で25冊を書き上げるのは、とても大きな「理想」です。多くの時間を費やして取り組むことになるでしょう。そして、フォーカスしなければならないでしょう。おそらく、この5年間のすべての時間を費やすでしょう。

あなたは理想がどういうものか、もう明確になりましたか？

覚えておいてください。**選択するのは3つだけ**です。

あなたがもし、3つ以上の大きなプロジェクトを行なったならば、それらはすべてダメになるでしょう。あなたが本当に、本当にやりたいことを選択して行動するのです。そして、多くのエネルギーと時間をそれに費やしてください。

これらの「理想」は、5年間であれこれ変えることがないようにしてください。あなたが心からワクワクするものを、やり遂げることが大切です。

さあ、深呼吸して、あなたの「理想」を3つ書きましょう。

1年計画の中期的プロジェクトを書く――3つの「完了」

「完了」（私はこの「完了」という文字を書くのが好きです）は、中期的なプロジェクトで、直接あなたを理想のライフスタイルへと近づけてくれるものです。

あなたの「完了」が、山頂への道を登る「マイル標石」だと考えてみてください。

「完了」は、毎月やることを1年間通してやり遂げることです。

そして、5年後の「理想」に届くには、あなたの「完了」、やり遂げるものを少しずつ積み重ねる必要があります。

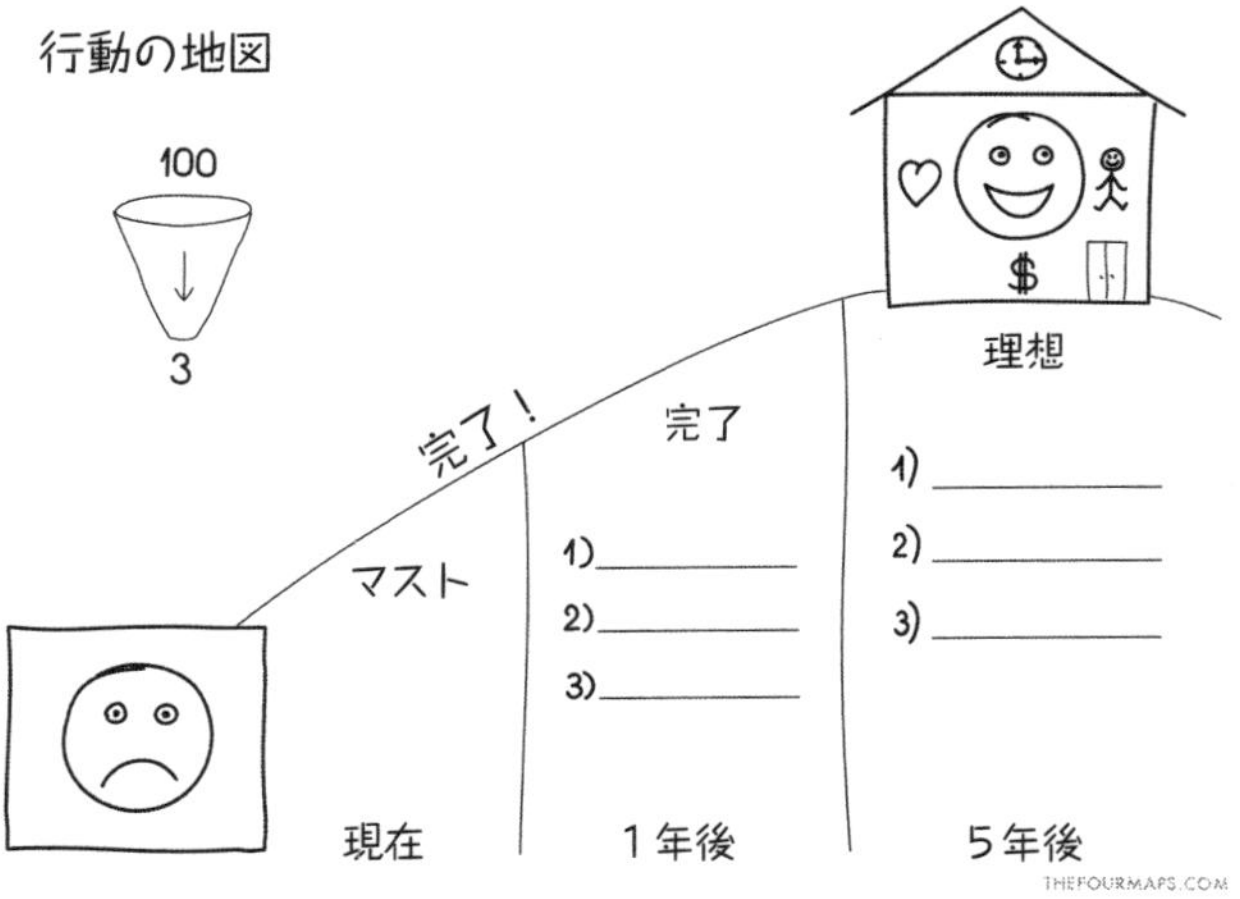

上のイラストのように、**あなたの「行動の地図」の「完了」のセクションに3つの下線**を引いてください。

「完了スイッチ」を入れる

なぜ、私が中期的なプロジェクトを「目標」と呼ぶのではなく、「完了」と呼ぶのか？

もしかしたら、あなたは疑問に思っているかもしれません。

あなたの脳は、ただ「過去」か「未来」かに反応して思考しています。「目標」と「完了」という言葉は、脳内にとても大きな違いがあることがわかってきました。

ほとんどの人は、「目標設定」をしています。しかし、それはいいものではなく、悪いものを採用して目標設定をしています。

新年の抱負のように、緊急性のないものを目標設定し、なおかつコミットもしないのです。

重要でないゴール設定では、成功はしません。

ここで、あなたのマインドにスイッチを入れる必要があります。

「スイッチを入れる」とは、「これをやりたい」という言葉から、「これを完了する」という言葉に切り替えることです。

私はこれを**「完了スイッチ」**と呼んでいます。

私は常に、自分の理想と、完了すべきことを書くとき、**過去形**で書いています。まるでもうやり遂げたかのように——。

自分自身をもう一度トレーニングして、**「何も起こっていない」というマインドから、「もうすでにやり遂げた」というマインドに変えていきましょう。**

それは、「スター・ウォーズ」のジェダイのマインドトリックのように、自分自身に変化をもたらし、脳や意志の力にとても効果的なのです。

あなたが目標を設定するとき、「これをやりたい」と言わずに、「これを完了する！」と宣言すれば、必ずやり遂げる、つまり完了できるようになります。あなたの言葉は、脳と直結しています。あなたが「これをする」と宣言したら、必ずやり遂げる人になってほしいのです。他人から頼られる人になってほしいのです。

理想に向けてどうやって「完了」させるか？

あなたの3つの理想は、たくさんの「完了」プロジェクトを必要としています。

あなたの5年計画の3つの理想を実現するために、時間をかけてブレインストーミングすることをおすすめします。それぞれの理想に対して、完了するべきリストをつくりましょう。

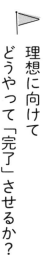

私には「25冊を出版する」という理想を実現させるためのリストがあります。
ここにいくつか例を挙げます。

◎この本『幸せをつかむ「4つの地図」の歩き方』の原稿を完了させる！
◎この『幸せをつかむ「4つの地図」の歩き方』を編集して構成する。
◎『10分ですばらしいアイデアを出す』という仮タイトルをつけて、次の本の執筆を完了させる。
◎私のファンにニュースレターを5通書く。
◎それぞれの本のフィードバックを得るために、レビューをしてくれる「チーム」を募集する。
◎「new Robertallen.com」の創設を監修する。

これらが、今の私のリストです。時間もかかります。
私は毎日すべてを書いてはいません。それだと、自分が参ってしまうからです。

タイミングが重要です。

あなたの「完了」プロジェクトが今必要なら、その項目を今完了させる必要があります。

私のリストを見ればわかるように、完了すべきことが終わるまでは、他の項目に取りかかりません。この本の原稿を書き終えないと、次の本の執筆に入りません。

もし、あなたがビッグ・ピクチャーを採用すれば、自分に必要な完了すべき事柄がわかってきます。私の場合は、25冊の出版をするという理想を持っているので、この章を私は書き終えなければなりません。

私が朝起きて「行動の地図」を描くとき、あるシンプルな1文を書いています。

なぜなら、出版するという理想を反復するためです。そして、過去形で書いて、それを明確にします。

「私はこの『幸せをつかむ「4つの地図」の歩き方』を書き終わりました」

というように。

さあ、深呼吸して、あなたの「行動の地図」で理想を手にするために、明確な「完了」プロジェクトについて考えてみましょう。

あなたがフォーカスできる、たくさんの中期的プロジェクトの中から選んだものは、本当に現実的で必要なことですか？

それらを「完了すべきこと」とコミットして、「行動の地図」に書いてください。

今日やる本質的で重要なタスクを書く——3つの「マスト」

今、あなたは「理想」と「完了」をコミットすることができました。私のように、あなたも友達や家族に完了すべきことを公表すると、有言実行できる確率が高くなるでしょう。

社会的なモチベーションがまさに最重要です。

あなたの理想のライフスタイルを現実のものにしたいなら、あなたは毎日「完了」すべきことを、最後までやり遂げることです。

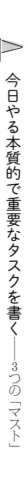

「マスト」は毎日の効果的なタスクで、それが蓄積されて「完了」になります。

その「マスト」を、**あなたが理想のライフスタイルへと上るためのステップ**として考えてください。

たとえば、「完了」すべきことが、「本を書くこと」としましょう。それは、中長期的なプロジェクトです。

「マスト」は短期的なものです。

たとえば、「毎日500字、文章を書く」などです。文章を書かないと、本はできません。あなたは、「完了」なしで、理想を手にすることはできません。もちろん、日々の積み重ねの「マスト」なしで、「完了」することもできません。

あなたの「行動の地図」で、次ページのイラストのように、**「マスト」のセクションに3つの線を引きましょう。**

3つの「マスト」だけをやることは、クレイジーに見えるかもしれません。

「あなたは私に、100個のTO-DOリストをやらずに、たった3つをするように

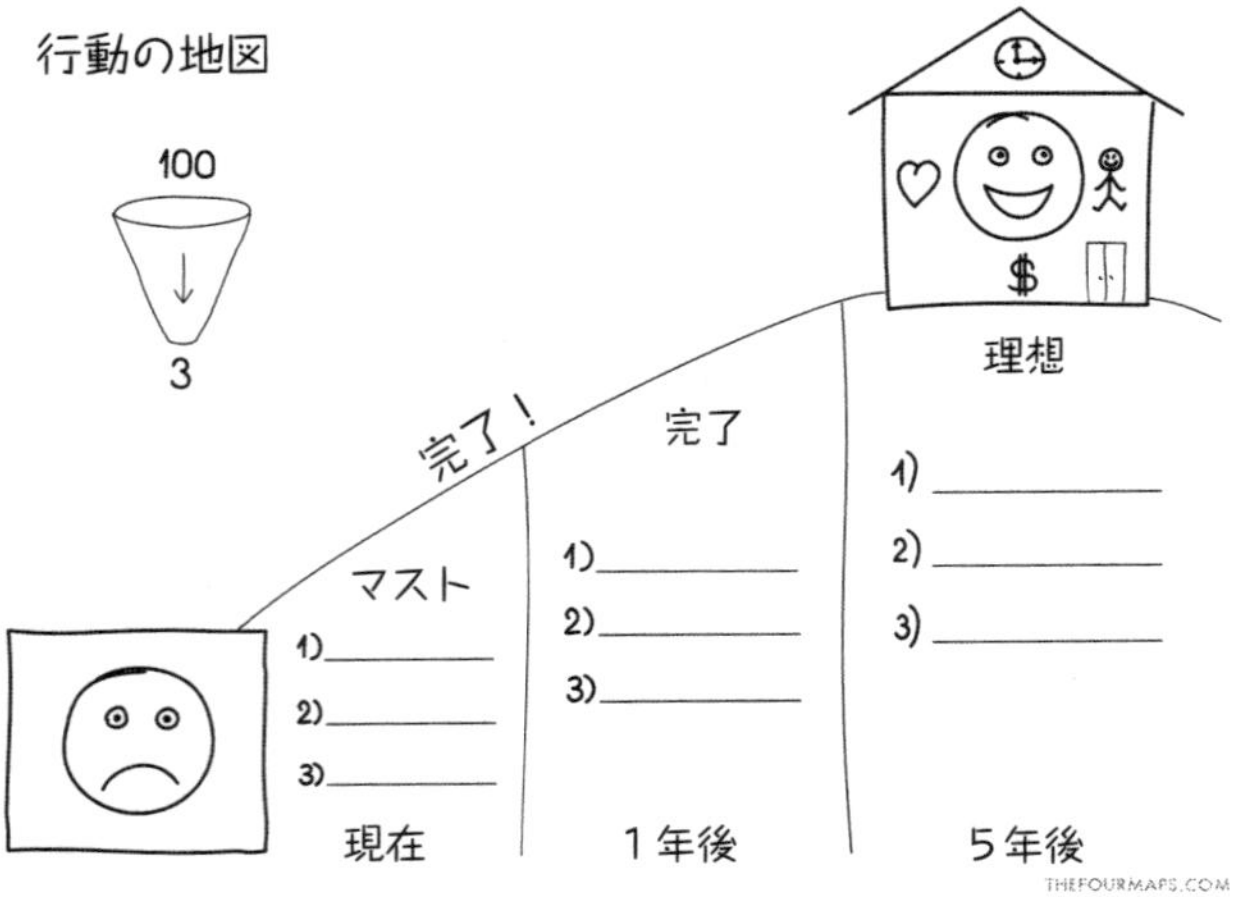

って言っているの？」という声が聞こえてきそうです。

私が言いたいことは、まさにそのとおりです。

あなたのタスクを3つに絞ると、莫大なパワーを注げます。あなたが理想のライフスタイルを手にするために、3つのことだけをやるのです。

これらは、毎日の家事よりも重要です。EメールやSNSよりも重要です。あなたに必要なタスクなのです。

この3つのタスクをやり終えたら、あなたの人生は劇的に良くなります。「マスト」をやり終えると、あなたの脳と人生がどう変わるかは、この章のセクションの最後に説明します。

今は、あなたの3つの「マスト」を書いてみてください。その毎日の3つの「マスト」が「完了」になるのです。

地図に「マスト」を書き終えたら、**あなたのサインと日付**を書いてください。

それは、あなたが毎日、コミットして、毎日やることを意味します。

さあ、自分を奮い立たせて、あなたのタスクを毎日行ないましょう。そして、最後までやり遂げましょう。

成功のピラミッド

私があなたに教えたことは、たくさんの新しい言葉やかなり難しいコンセプトだったかもしれません。

あなたに教えた**「マスト - 完了 - 理想」のコンセプト**を視覚化できる図をつくりま

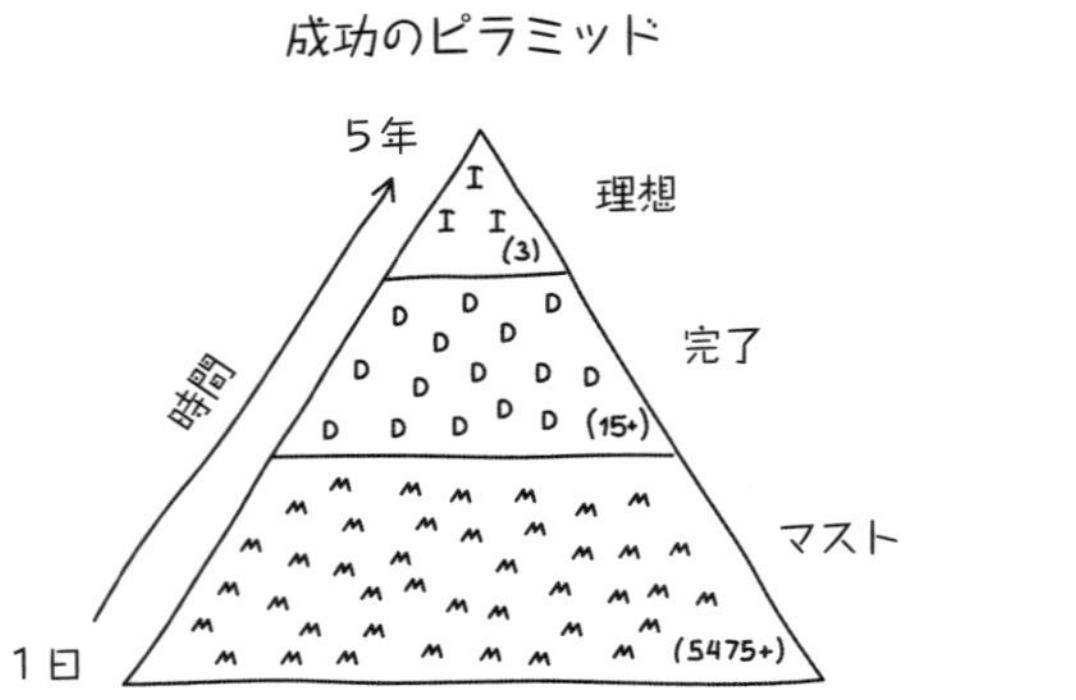

THEFOURMAPS.COM

した。

私はこれを**「成功のピラミッド」**と呼んでいます。上のイラストを見てください。

小さな日々のタスク（マスト）がたくさん積もれば、中期的なプロジェクト「完了」になります。そして、またそれらが積もれば、夢のライフスタイルへ、「理想」へとつながるのです。

もしあなたがたった3つの理想を選択し、毎日3つ必要な「マスト」を実行する。そして毎年、3つの「完了」をする。そうすると、あなたは、自分が決めた5年後の3つの「理想」を手にするまでに最低でも5

475個の「マスト」をやり遂げることになります。そして15個の「完了」をやり遂げることになるのです。

あなたは「理想」を手に入れるために、「完了」をやり遂げなければいけません。「マスト」から「完了」へ、「完了」から「理想」へと上っていく。

これが、あなたが幸せをつかむ、成功への流れです。ここには近道はありません。地図3「儀式の地図」に出てきた、アリさんと同じように、毎日継続した行動をとるのです。

「マスト」を達成したら、自分をお祝いしてあげる

人生は、瞬間、瞬間の積み重ねです。自分自身に幸せを与えるためには、自らチャンスをつかむべきです。そのための必要なタスクを選ぶのです。

たとえ、あなたがたくさんの仕事に追われていても、1日に3つの「マスト」を時

間を取ってやってください。あなたが理想のライフスタイルを手に入れるために。

もし、**あなたが「マスト」を実行すると決断したら、同時に、すでに「完了」しているという感覚を覚えておいてください。**

そして、ポジティブな気持ちを忘れないでください。ポジティブな気持ちは、あなたの理想のライフスタイルの一部です。

「マスト」を完了したら、自分自身をお祝いしてあげてください。

あなたのエネルギーを使うために、コミットする

あなたの儀式を実行しましょう。そして、あなたの「マスト」を最後までやり遂げましょう。

しかし、あなたが絶対にコミットしたくないものを書いてはいけません。最初に「マスト」を書き終えるまでは、他のことをしてはいけません。

堅苦しく聞こえるかもしれません。しかし、そう言う理由は、ドーパミンにあります。

コミットし続けることは、ドラッグのようなものです。あなたが「何かをする」とコミットしたとき、あなたの脳から気持ちのいいドラッグが出てきます。自然にハイになるのです。そして、行動を起こす前にそれを紙に書くと、ドーパミンがもっと出てきます。

コミットをするとき、たとえそのコミットが数秒前であったとしても、**あなたの幸福に対して科学的に実証されている効果がある**のです。小さくてもコミットし続けることで、自分自身を幸せにできるのです。

あなたは、自分の給料をきちんとチェックしますよね？

なぜあなたは、自分の脳に幸福を注入するチャンスを逃すのですか？　逃す理由なんてないはずです。

さあ、試してみてください。

あなた自身の「行動の地図」を描きましょう。

「私はこの部屋を歩き回る」と書いて、そして、実際に歩き回るのです。「私はこの章を書き終える」と書いて、実際にこの章を書き終えるのです。あなたが書いたことを実行すると、あなたは気分が良くなるのです。

人はコミットをし続ける人になりたいと思っています。それは、生まれ持ったものです。たとえ有益でないTO-DOリストをチェックしても気分が良いのです。

しかし、あなたは1日1日、新しい「マスト」を毎回選択して行動してはいけません。私はあなたに**たった3つだけを選択して行動する**ようにお願いしています。それは、たくさんの可能性から必要なタスクを見分けることができる方法だからです。

また、3つの「マスト」を達成せずに、途中で失敗してほしくありません。

私はあなたに、1日の終わりに希望を感じながら眠りについてほしいのです。そして、自分に、他人にコミットし続けて、最後までやり遂げる達成感を味わってほしいのです。

もしあなたがもっと前進したいのなら、コミットしたことを最後まで完了させてください。

「タスク・ドリフト」にご用心

私はあなたに、自分の「マスト」を絞ることをおすすめします。現代のライフスタイルの問題は、私が**「タスク・ドリフト」**（タスクの漂流）と呼んでいるものです。

あなたは、1つのことを始めます。すると、やがて周囲に他のタスクがあることに気づきます。

あなたの「マスト」の1つが、おそらくウェブサイトやマーケティングの広告戦略に引っかかり、「マスト」をやり遂げられないかもしれません。

なぜなら、インターネットはあらゆる分野の情報でいっぱいだからです。あなたは他の興味深いサイトと戦略で違う方向へと導かれるのです。

もし、あなたが自分の中にゆるぎのない「マスト」を持っていなければ、あなたはさ迷うかもしれません。そして、あなたの「完了」と「理想」に直結しないことをするかもしれません。

あなたはたくさんのことを学べるかもしれませんが、最後までやり遂げることは厳しいでしょう。

私は自分の過去の経験で、それを実感しています。明確な「マスト」がなければ、何時間も「タスク・ドリフト」が起こり、さ迷います。

「マスト」は、情報の霧の中にある灯台のように、あなたの道しるべとなるのです。必要なタスクをするように引き戻してくれます。

私は**本当に興味深いことを見つけたら、それを明日の「マスト」に入れて、今日の「マスト」をやり遂げます**。「マスト」なことをしている最中は、それを終えるまでは他のことは手をつけず保留にしています。

コミットをすると、いいことだらけ

ここで、少し地図２「予想の地図」に戻りましょう。

私はあなたに日々のチャンピオンを書くようにお伝えしましたね。

なぜなら、**あなたがチャンピオンを意識し、いいことが起きると予想すると、それが本当に起きるようになっているから**です。このコンセプトを「行動の地図」に入れて完成させましょう。これはとても大切です。

ここで、コミットに関する有名な言葉を紹介します。

第二次世界大戦で捕虜収容所から生還したスコットランド人の登山家、W・H・マレイの言葉です。彼は１９５１年に『The Scottish Himalayan Expedition』という本を出版しています。その中から抜粋します。

「これはシンプルすぎるように聞こえるかもしれないが、すばらしい結果が出るのです。ためらいのあるコミットでは、チャンスが無効になります。すべての第一歩を踏み出すこと（創造すること）には、基本的な真実があります。その真実の大切さを知らないと、たくさんのアイデアとすばらしいプランがあったとしても、それは活かされないままです。

つまり、コミットして、それに取りかかってこそ、神のご加護があるのです。すべての物事は決断から生まれ、想像もしなかったことや誰しもが思わない夢のような協力が得られます。私はゲーテの詩から深く学んだことがあります。

『できること、あるいは夢を見ていることは、今すぐ始められる。大胆さには、才能、力、魔法を秘めています。今すぐ始めなさい』」


この引用文に出てくる「神のご加護」は、本当にたくさんの意味を含んでいます。それは、神そのものを意味しているかもしれません。他のチャンピオンを意味しているかもしれません。友達かもしれません。経済のようなものかもしれません。人生を通して私は、コミットすることがとても力強く、影響力があると教わりました。

宇宙は、あなたの理想を手にするお手伝いをします。

今日コミットしたことで、あなたの「理想」を手に入れることができます。

そして毎日の「マスト」をやり遂げましょう。

地　図

4

「行動の地図」のまとめ

「行動の地図」を描くときに必要なポイントをまとめました。

①「ビフォー」と「アフター」の悲しい顔と笑顔を描きます。笑顔は、あなたの夢の家の中に描きます。笑顔のまわりに理想のライフスタイルを象徴するマークを描きます。

②山頂までの道を３つのセクションに区切ります。それは、５年後、１年後、今を表しています。

③５年後のあなたの「理想」を３つ書き出します。

④３つの「完了」、１年後までに完了すべきことを書き出します。それは短期、中期的なプロジェクトで、５年後の理想を手にするためのものです。

⑤３つの今やるべき「マスト」を書き出します。明確なマストはあなたの「完了」を終わらせるためのものです。

⑥「３つだけを選択します」という原理原則を表すイラスト、100から3つを絞り出すロートを左上に描きます。

⑦毎日の「マスト」を完了させるとコミットし、あなたの名前を書きます。

⑧大胆な行動の力を信じましょう。五感を使い、コミットしたことをどう行動するかを視覚化します。あなたのチャンピオンが現れて、あなたを手助けします。

第4章

あなたの人生は変化する

偉大なことをするために、あなたは生まれてきた

この本は、変容するための本です。変容とは、成長や変化が含まれています。

私の望みは、この本を通してあなたが「制限された生き方」から「無限で理想のライフスタイルを手にして自由に羽ばたく生き方」へと変わってくれることです。

これまでにこの本で学んできたことを、ここで一緒に振り返りましょう。

もし、あなたが毎日、今までお伝えしてきた「4つの地図」を描いたら、内面、外面ともに、向かうところ敵なしの成功者になると私は確信しています。

なんとすばらしいことでしょう。多くの人は、自己啓発本を読み終えることができません。

ですから、私はコンパクトな「4つの地図」を開発し、しかも、その地図が簡単に描けて、なおかつ心理学的なワークも取り入れている本をつくりました。それと同時

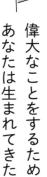

に、シンプルなイラストで地図をつくることができ、子供にも教えることができます。

また私は、それぞれの地図を記憶しやすいようにつくりました。

だから、あなたの人生で気が滅入ったり、落ち込んだり、怒ったりしたときに、自分自身を取り戻すことができるのです。

地図は、最初に、「ビフォー」の悲しい顔を描くことから始まります。そして、オリの外にある、すばらしい人生を想像します。怖れは、単なる想像上の産物です。山頂にある理想の人生を手に入れるために、ステップを踏みましょう。今すぐ行動しましょう。最初のステップを踏まなかったら、何も始まりません。

◎地図Ⅰ「明快な地図」

最初の「明快な地図」は、モヤモヤした霧の中にいるあなたが、新しい人生を視覚化し、理想の人生を想像して体感できるようになっています。そして、こう問いかけています。

「あなたが本当にやりたいことは何？　なぜ、それがやりたいのか？」

◎地図2「予想の地図」

「予想の地図」は、必要なチャレンジに気づかせてくれます。また、ヒーローズ・ジャーニーに欠かせない、あなたを助けてくれるチャンピオンにも気づかせてくれます。

「あなたをストップさせているものは何だろうか？　誰があなたを助けてくれるのだろうか？」

◎地図3「儀式の地図」

「儀式の地図」は、成功者には日々の習慣、行動パターン、セレモニーのような特別な儀式があると教えてくれます。日々の儀式、特別な習慣は意志の力を構築します。

それは究極のスキルです。

「最高の自分になるために、あなたは毎日何をやり遂げますか？」

究極的には、我々は
あらゆる恐れの向こう側が
自由であることを、
深いところでは知っているのです。

――マリリン・ファーガソン（社会心理学者）

◎**地図4「行動の地図」**

「行動の地図」では、理想のライフスタイルへの実現へとあなたを導きます。あなたのやるべきことを完了させるロードマップをつくります。

「どんなプロジェクトが、あなたの理想のライフスタイルへ導くのか？　そして、今やるべきことを完了させるために、何をする必要があるのか？」

あなたが今どんな人生を送っていようと、この「4つの地図」はあなたの夢へと近づけるツールなのです。

なぜ「理想のライフスタイル」のために努力するのか？

さあ、それでは、結論です。

20代後半のとき、私は、自分の人生で起こり得るすべての夢を見ることができました。それらはとても個人的なものが多く、時には自己中心的なものでした。私は自分がほしいもの、自分がやりたいことだけを考えていました。

私は億万長者になりたかった。そして、実際になりました。私はニューヨークタイムズのベストセラー作家になりたかった。そして実現しました。私はかっこいい高級車を運転したかった。その夢も叶いました。私は夢の豪邸がほしかった。そのマイホームも手に入れました。

私は「私」にフォーカスしていました。自分だけにフォーカスしていたのです。

しかし、私はほしいものを手にしているうちに、あることに気づきました。

あなたはもう気づいているでしょう。

そうです。**個人の資産や達成感のワクワクは長続きしない**のです。

山を登り、山頂に達すると、すぐ遠くに、それよりも高い山があるのです。速いスポーツカーを購入したら、またすぐにそれよりも速いスポーツカーが世に出るのです。

「スポーツカーに乗り、5分の楽しみのために5年間フォーカスしてきたのか？」「そこに私の人生が本当にあるのか？」

私はある朝、気づきました。

生徒や読者に成功の体験をしてもらうほうが、自分の成功よりワクワクするということに気づいたのです。それは、単なる楽しみではなく、喜びでした。その喜びは一時的なものでなく、ずっと続く喜びだと気づいたのです。

「明快な地図」で説明しましたが、「個人的な理由」はすぐ消えます。自分の中にある「私たちの理由」は、だんだんと大きくなるのです。

かつて私は若い頃に「億万長者になりたい」という夢があり、それはとても重要だったのですが、今ではとても恥ずかしく思っています。今となっては、前世紀に起こったことのように思えます。

もちろん、「個人的な理由」はとても楽しいものです。ワクワクします。「死ぬまでにやりたいことリスト」に入れてください。あなたが死ぬまでに本当にやりたいことを。

しかし、「私たちの理由」は、使命を持って毎日をどう生きるか、なのです。呼吸をするのと同じくらい、私たちにとって価値あるものなのです。

私たちは、歳を重ねると徐々に、自分だけのフォーカスからまわりへとフォーカスするように変容します。

それは、私たちが次のステージへの準備ができている証拠です。私たちは、「遺産を遺したい」と考えますよね。亡くなった後でも、ずっと続くギフトを残したいのです。だから私は、そのために今ここにいるのだと思っています。

私は、あなたにどんな夢でも追いかけることをおすすめします。あなたは、自分自身のために、世界のために、偉大なことをするために生まれてきたと私は確信しています。

あなたは、ギフトを残すためにここにいると、確信するでしょう。

あなたは、「私たちの理由」、つまり自分の使命を見つけ出すことです。そして、毎日ギフトを残すことに専念して動くでしょう。

あなたが、**自分のまわりの人を助けることに情熱と才能を注いだら、無限のエネルギーが湧き起こる**でしょう。理想のライフスタイルを求めて山を登っても、まったく疲れないでしょう。

笑顔で山を登りましょう。

現在のあなたと、未来のあなたに、たくさんの幸福が降り注ぎますように。

知識を広げる——「4つの地図」のための参考文献

この本を最後までお読みいただき、本当にありがとうございます。

「4つの地図」を学んだ生徒から、私は、あるコメントをもらいました。

「ロバート、これらのコンセプトのどれか1つでもいいので、それを解説して本にしてほしい。あなたは習慣の重要性について本が書けますよ」


おそらく私は本を書けるでしょう。

しかし、私は意図的に、この本をシンプルに書きました。習慣の重要性のようなコンセプトを深堀りすることはやめました。この本は、何度も読み返したり書き込みをしたりする実践的な本だと自負しています。

「4つの地図」の目的は、「行動を起こす」ことなのです。

私は今までの人生の中で学びました。

私たちは頭でっかちに学び過ぎるのです。

一番の方法は、学習するだけで終わらせず、「行動する」ことです。

「4つの地図」で私が共有したコンセプトは、幸せで生産的に生きるための方法のほんの一部です。

しかしながら、「4つの地図」はシンプルで、生涯にわたりより良く生きる学びのポイントを押さえています。そして、あなたの人生を飛躍させてくれます。

もしあなたがもっと深く学びたいのなら、私の好きな本のリストをここに用意しましたので、その本を読んで深く研究してみてください。

「明快な地図」を深める参考文献

以下のリストは、あなたがやりたいこと、あなたの目的を探すこと、あなたの理由を明快にすることを手助けするすばらしい参考文献です。

◎『ハイ・コンセプト』（ダニエル・H・ピンク著）
◎『スイッチ！「変われない」を変える方法』（チップ・ハース&ダン・ハース著）
◎『ゆだねるということ』（ディーパック・チョプラ著）
◎『マインドセット』（キャロル・S・ドウェック著）

「予想の地図」を深める参考文献

このリストは、あなたのチャレンジに対して、正しい方向に向かわせ、成長させてくれるすばらしい参考文献です。

◎『マシュマロ・テスト　成功する子・しない子』（ウォルター・ミシェル著）
◎『Flourish: A Visionary New Understanding of Happiness and Well-Being』（マーティン

E・P・セリグマン著）

◎『Learned Optimism: How to Change Your Mind and Your Life』（マーティン・E・P・セリグマン著）

◎『サックス先生、最後の言葉』（オリヴァー・サックス著）

「儀式の地図」を深める参考文献

このリストは、習慣と毎日行なう儀式のパワーについて学ぶことができるすばらしい参考文献です。

◎『習慣の力』（チャールズ・デュヒッグ著）

◎『WILL POWER 意志力の科学』（ロイ・F・バウマイスター、ジョン・ティアニー著）

◎『The Willpower Instinct: How Self-Control Works, Why It Matters, and What You Can Do to Get More of It』（ケリー・マクゴニガル著）

「行動の地図」を深める参考文献

このリストは、効果的な行動と戦略を立てることができるすばらしい参考文献です。

◎『全面改訂版　はじめてのGTD──ストレスフリーの整理術』（デビッド・アレン著）

◎『最優先事項』（スティーブン・R・コヴィー、A・ロジャー・メリル、レベッカ・R・メリル著）

◎『エッセンシャル思考──最小の時間で成果を最大にする』（グレッグ・マキューン著）

◎『ワン・シング──一点集中がもたらす驚きの効果』（ゲアリー・ケラー、ジェイ・パパザン著）

◎『富を手にする10の戦略』（ジャック・キャンフィールド、ビクター・ハンセン、レス・ヘウィット著）

◎『カエルを食べてしまえ！』（ブライアン・トレーシー著）

全章を通して深める参考文献

このリストは、成功を手に入れたい人のための成功哲学の参考文献です。

◎『思考は現実化する』（ナポレオン・ヒル著）

◎『7つの習慣』（スティーブン・R・コヴィー著）

◎『The Success Principles: How to Get from Where You Are to Where You Want to Be』（ジャック・キャンフィールド著）

◎『Maximum Achievement: Strategies and Skills That will Unlock Your Hidden Powers to Succeed』（ブライアン・トレーシー著）

【著者プロフィール】

ロバート・G. アレン（Robert G. Allen）

ニューヨークタイムズ紙No.1ベストセラー作家。米国ビジネス界の権威。不動産・財テク・IT・情報・起業のプロ。わずかな元手で莫大な不動産を手に入れ、その優れたノウハウを人々に提供。「ほとんど頭金なしで始める不動産購入の方法」は大評判となり人材育成企業とライセンス契約締結。『Nothing Down』は不動産投資関連として史上最も売れた本となり、『Creating Wealth』もベストセラー第1位に輝き、世界で富構築手法の講座を開催。ラリー・キング・ライブやグッド・モーニング・アメリカ等、多数のラジオ、TV番組に出演。ウォールストリートジャーナルやバロンズ、パレード、ピープル、リーダーズ・ダイジェスト等でも特集される。

【監訳者プロフィール】

稲村徹也（いなむら・てつや）

ウェーブリンク株式会社代表取締役。ロバート・アレン日本総代理エージェント業。1971年石川県生まれ。高校卒業後上京するが、夢破れホームレスに転落。ホームレスのメンターと出会い、21歳で起業。毎年売上を倍増させ、年商20億円企業にまで成長させる。100億円企業を目指していたが、2002年ITバブル崩壊と共に倒産。30歳で億単位の借金を背負い、どん底から再スタート。当時、ロバート・アレンの億万長者入門を読み実践し、現在は、複数の権利収入構築に成功。不動産・建設会社、投資会社、イベント企画会社等のオーナー。実業や講演、ベストセラー作家としての経験を通し人材育成に注力。
◎HP：http://inamuratetsuya.com/profile.html

丸山拓臣（まるやま・たくみ）

NEW HORIZON株式会社取締役、経営コンサルタント。1981年福島県生まれ。世界的ビジネス界の権威や海外有力実業家との関係構築や交渉を得意としている。ロバート・アレンのコンテンツ開発、セールスプロモーションのキーマン。語学堪能で、ロバート・アレン来日時には専属通訳としても活躍中。

幸せをつかむ「4つの地図」の歩き方

2018年7月2日　　初版発行

著　者　ロバート・G・アレン
監訳者　稲村徹也／丸山拓臣
発行者　太田　宏
発行所　フォレスト出版株式会社
〒162-0824 東京都新宿区揚場町2-18　白宝ビル5F
電話　03-5229-5750（営業）
03-5229-5757（編集）
URL　http://www.forestpub.co.jp

印刷・製本　中央精版印刷株式会社

ISBN978-4-89451-987-9　Printed in Japan